현시대를 관통하는 믿음의 키워드 10

김용대 지음

Communion　　Respect

Responsibility

Good deed

Thoughtfulness

Solidarity

Humility

Sharing

Encouragement

Listening

쿰란출판사

현시대를
관통하는
믿음의 키워드
10

머/리/말

성경을 보면 예수님께서는 앉아 계시고 제자들은 서서 예수님의 말씀을 들었습니다. 초대교회의 사도들도 앉아서 말씀을 전하고 성도들은 다 서서 말씀을 들었습니다. 그런데 초기 교부 가운데, 설교를 무척 은혜롭게 잘했기에 '황금의 입'이라는 별명을 가진 '크리소스톰'이라는 분이 계신데 이분으로 인해 설교 관례가 바뀌었다고 합니다.

그분이 오스만 제국(튀르키예)에 초청받아 말씀을 전하는 중에 크리소스톰은 앉아서 말씀을 전하고 성도들이 다 서서 듣고 있었습니다. 그런데 크리소스톰이 혼자 앉아서 하나님의 말씀을 전하다가 갑자기 말씀에 열정적인 마음이 생긴 나머지 벌떡 일어나 설교하기 시작했습니다. 나중에 그 일화가 온 유럽에 다 퍼지게 되었습니다. 그 일이 계기가 되어 그때 이후로 목사들이 다 일어서서 설교를 하게 되었다고 합니다.

이처럼 말씀을 열정적으로 전했던 크리소스톰의 심정과 같이 말씀을 전하고자 하는 필자의 심정을 독자 여러분께서 헤아리시고, 나누는 글을 통해 은혜받으시기를 축원합니다.

우리에게는 언제나 시대를 이끌고 시대에 관심을 갖게 하는 키워드(Key word)가 있습니다. 그 단어를 떠올리면 그 시대가 생각나고 관련된 인물이 생각이 나기도 합니다. 우리나라 사람들은 '전쟁' 하면 '6.25'를 떠올립니다. 언제나 6월 25일은 1년 달력의 가운데에 있는데, 세계 어느 나라 사람과도 그런 공감대를 나눌 수 없습니다. 하지만 우리나라 사람들은 '6.25' 하면 전쟁을 떠올리고 폐허와 가난의 고통을 떠올립니다. 이렇게 시대를 상징하는 단어들이 있습니다.

'IMF'는 국제통화기금(International Monetary Fund)의 약칭으로, 국제 금융 결제 기관입니다. 회원국이 국제수지 불균형으로 경제가 어려워 파탄 지경에 있을 때, 국제 구제 금융을 제공하여 경제적인 원조를 함으로써 그 나라가 회복될 수 있도록 기틀을 마련해 주기도 합니다.

그런데 우리나라는 'IMF'라고 하면 무엇을 떠올립니까? 1997-2001년의 외환 위기와 국가 부도로 인한 위기를 먼저 연상합니다. 우리 교회 가족들 중에도 그 시절을 지내면서 어려움을 당한 사람들이 있습니다. 그런 시대 상징적 언어가 있는 것입니다.

'엑스포'(EXPO)는 세계 곳곳에서 개최하는 국제적인 행사로 본래 문화와 기술의 발전 성과와 새로운 미래상을 전시하고 선보이는 종합박람회이나, 우리나라 기독교인들은 '엑스포'라고 하면 '엑스플로 74'를 연상합니다. 당시 서울에서 가장 넓은 광장이었던 여의도 광장에서 2백만 명이 넘는 매머드(mammoth) 집회를 한 이후로 한국 교회에 부흥이 시작되는 전기가 되었던 것을 우리는 기억하고 있습니다. 그래서 '엑스플로 74'라는 말을 들으면 예수를 믿는 성도들은 가슴이 뜁니다.

저의 어머니는 '1984년'이라고 하면 자다가도 벌떡 일어날 정도로 평생 잊지 못하시는 해였습니다. 여러분들은 그해에 어떤 기억이 있으십니까? 1984년도는 제가 청년기에 접어든 시기였는데 그때 저희 가정이 매우 어려웠습니다.

제가 결혼하기 전에는 어머니와 여동생이 저를 위해 헌신하며 고생했고, 결혼한 다음에는 제 아내가 저를 위해 고생하고 헌신했기에, 저는 가정의 어려운 사정을 크게 신경 쓰지 않고 지낼 수 있었습니다.

아마도 시간이 지나고 나서 '코로나'(COVID-19)라고 하는 단어를 떠올리면 '그때 얼마나 고통스럽고 힘들었는지 모른다…'라고 생각하게 될지도 모릅니다.

이처럼, 오늘날 그리고 앞으로도 우리 사회와 교회에서 아주 중요한 의미를 가지고 있는 주요한 단어들을 목회자인 저는 성경적이고 기독교적인 관점에서 생각해 보려고 합니다.

　이 시대를 살아가는 그리스도인으로서 시대의 키워드들을 통해 좀 더 깊은 생각을 해보고, 또 이 키워드가 내 삶에 어떠한 중요한 의미가 있는지 살펴보는 것은 매우 의미 있고 유익한 일이 아닐 수 없습니다. 이런 단어들이 내 삶과 나 자신에게 어떻게 반영되는지, 내 삶이 어떠한 방향으로 가고 있는지, 그리고 앞으로 어떻게 살아야 하겠는지를 생각해 보자는 것입니다.

　요즘 시대를 관통하는 표현들이 주는 의미를 생각

하고, 이 시대의 그리스도인으로서 이런 키워드를 어떻게 적용하고 살아야 할 것인지 살피려고 합니다.

하나님의 은혜로 세 번째 결실을 나누게 되어 참 감사합니다. 한 권의 책이 나오기까지는 보이지 않는 많은 분의 헌신과 기도가 있었습니다. 무엇보다, 이 말씀들이 강단에서 먼저 선포될 때, 삶의 자리에서 말씀과 씨름하며 가장 진솔한 반응과 기도로 함께해 준 사랑하는 영광대교회 장로님들과 모든 성도들께 깊은 감사를 드립니다.

또한, 목회의 여정에 든든한 힘이 되어주는 동역자인 조경문·서영문·박진순·이재인·최승근·오찬성 목사님과 지성자 전도사님 그리고 신학도인 조형욱·임

승관 교육전도사님에게 고마운 마음을 전하며, 출판이 쉽지 않은 시대적 흐름 속에서도 기꺼이 출판의 수고를 감당해 주신 쿰란출판사 관계자분들의 노고에도 진심으로 감사를 드립니다.

2025년 11월
영광대교회 목양실에서
김용대 목사

목/차

머리말 _ 4

- **동행** (요일 2:5-10) ··· 15
  Communion

- **책임**(1) (딤후 2:14-17) ··· 38
  Responsibility

- **책임**(2) (딤후 2:14-21) ··· 57
  Responsibility

- **선행**(착한 행실) (마 5:13-16) ··· 76
  Good deed

- **배려** (룻 2:1-18) ··· 97
  Thoughtfulness

- **존중** (눅 19:1–10)　　　　　　　… 122
  Respect

- **공존** (잠 22:1–2)　　　　　　　… 148
  Solidarity

- **겸손** (벧전 5:6–7)　　　　　　　… 172
  Humility

- **나눔** (삼상 18:1–5)　　　　　　　… 193
  Sharing

- **격려** (마 11:28–30)　　　　　　　… 212
  Encouragement

- **경청** (신 27:10; 왕상 3:9–10)　　　… 237
  Listening

Communion

Respect

Responsibility

Good deed

Thoughtfulness

Solidarity

Humility

Sharing

Encouragement

Listening

동행 Communion

요한일서 2:5-10

"누구든지 그의 말씀을 지키는 자는 하나님의 사랑이 참으로 그 속에서 온전하게 되었나니 이로써 우리가 그의 안에 있는 줄을 아노라 그의 안에 산다고 하는 자는 그가 행하시는 대로 자기도 행할지니라 사랑하는 자들아 내가 새 계명을 너희에게 쓰는 것이 아니라 너희가 처음부터 가진 옛 계명이니 이 옛 계명은 너희가 들은 바 말씀이거니와 다시 내가 너희에게 새 계명을 쓰노니 그에게와 너희에게도 참된 것이라 이는 어둠이 지나가고 참빛이 벌써 비침이니라 빛 가운데 있다 하면서 그 형제를 미워하는 자는 지금까지 어둠에 있는 자요 그의 형제를 사랑하는 자는 빛 가운데 거하여 자기 속에 거리낌이 없으나."

첫 번째 키워드는 '동행'(Communion)입니다.

'동행'이라는 말은 일정한 곳으로 길을 같이 가거나 오는 것을 뜻합니다. 혹은 같은 길을 함께 가거나 함께 오는 사람을 '동행'이라고 부르기도 합니다.

요즘 누구와 동행하십니까? 그 동행이 주는 영향은 무엇입니까? 여러분이 그분들과 동행하면서 하는 일이 무엇입니까?

이는 그리스도인으로서 굉장히 중요한 문제입니다. 내가 누구와 만나고 무엇을 하고 어떤 이야기를 하느냐가 내 삶을 만들어내기 때문입니다. 부정적인 사람을 만나면 부정적인 일을 하고 부정적인 말을 나누면 부정적인 사람으로 살아가게 되는데 정작 자신은 모릅니다. 내가 누구와 어떤 모습으로 어떻게 동행하고 있느냐에 따라 나만 모르는 내 삶의 모습을 이미 결정하므로 '동행'은 매우 중요한 문제입니다.

본문 말씀을 보면 예수 그리스도 안에 거하는 성도는 그가 행하시는 대로 자기도 행한다고 합니다. 요한 1서 2장 6절 말씀입니다.

"그의 안에 산다고 하는 자는 그가 행하시는 대로 자기도 행할지니라."

예수님께서 행하시는 대로 행하는 사람은 예수님과 동행하는 사람입니다. 예수님과 동행하는 것, 이것이 초대교회 성도들의 중요한 목표였습니다. 그리스도를 본받아 살려면 먼저 하나님과 동행해야 한다는 말씀입니다.

하나님과 동행하고 계십니까? 성경은 온통 하나님과 동행한 인물들로 가득 차 있습니다. 성경 속 인물은 두 종류입니다. 하나님과 동행한 인물이냐? 아니면 그것을 벗어난 인물이냐? 벗어났는데 벗어난 줄 모르고 사는 사람은 다 죄악 가운데 있는 사람입니다. 성경은 이를 굉장히 불편하고 저주스러운 모습으로 기록합니다. 또 하나님과 동행한 인물에 대해서는 엄청난 축복을 담보합니다.

동행이라는 단어가 성경에 처음 등장한 것은 창세기 5장입니다. 5장 22절을 보면 에녹이 "므두셀라를 낳은 후 삼백 년을 하나님과 동행"했다고 말씀합니다. 24절에는 "에녹이 하나님과 동행하더니"라고 했습니다. 그래서 우리는 성경에서 하나님과 '동행'한 대표적인 인물을 에녹으로 봅니다. 에녹은 죽음을 보지 않았고 하나님께서 그를 데려가셨습니다. 그가 하나님과 동행한 결과입니다.

하나님과 동행한다는 것은 하나님과 함께 걸어가는 것입니다. 에녹이 하나님과 동행하니 죽음을 보지 않고 하나님이 그를 데려가셨다고 합니다.

좀 더 성경 이야기를 진행하면 창세기 6장에 노아라는 인물이 나오는데 그에 대해서 성경에 다음과 같이 기록하고 있습니다.

"노아는 의인이요 당대에 완전한 자라"(창 6:9).

그가 하나님과 동행했다고 말합니다. 에녹은 하나님과 동행하였기에 죽음을 보지 않고 하나님께서 하늘로 데리고 가셨는데 노아에게는 어떻게 하셨습니까?

하나님께서는 당시 죄악이 넘친 세상을 홍수로 쓸어버리기로 작정하시고 생명이 있는 것은 다 멸하셨는데 유일하게 살아남은 가정이 바로 노아의 가정이었습니다(창 8:16). 노아 부부와 세 아들 부부가 살아남았습니다. 노아는 하나님과 동행함으로 구원을 받았을 뿐만 아니라 그 가족도 은혜를 입었습니다(창 9:1).

"주 예수를 믿으라 그리하면 너와 네 집이 구원을 받으리라"(행 16:31)는 말씀처럼 구원은 철저하게 개인적인 것이지만, '내'가 예수 그리스도를 믿음으로 말미암아 '내' 가정에 예수 그리스도의 복음이 들어가고, 그 예수 그리스도의 복음이 세대를 통해 '내' 가정, '내' 가족, '내' 가문에 주님이 오실 때까지 이어지고, 또 믿음을 이루고 지켜서 구원받을 수 있다면 상상할 수 없는 큰 축복이 됩니다. 이것이 바로 하나님과 동행하는 것에 대한 축복입니다. 하나님과 동행하시기를 주님의 이름으로 축원합니다.

또 요셉은 어땠습니까? 창세기를 보면 요셉에 대해 기록한 분량이 많습니다. 그만큼 요셉에 대한 이야기가 많다는 것입니다. 요셉은 극심한 고통 속에서 또 거절할 수 없고 쉽게 뿌리칠 수 없는 유혹 속에서도 하나님과 동행했습니다(창 39:9).

조건이 좋아서 동행이 잘 되는 것이 아닙니다. 우리는 하나님과 동행하는 시간은 좀 특별하고 대단하고 평안하고 좋은 때라고 생각합니다. 그러나 요셉은 극한의 고통 중에도 하나님과 동행했습니다. 유혹에 넘어가지 아니하고 승리한 요셉에게 눈앞에 다가온 결과는 어두운 지하 감옥이었지만 결국 요셉은 지금 우리가 알고 기억하는 축복의 아이콘(icon)이 됩니다. 창세기 39장 9절을 보면 "그런즉 내가 어찌 이 큰 악을 행하여 하나님께 죄를 지으리이까"라고 되어 있습니다.

이처럼 요셉은 보디발의 아내의 유혹에 넘어가는 것을 하나님께 죄짓는 일이라고 생각했습니다. 다시 말하면 요셉은 하나님 앞에서 살았던 '코람데오'(Coram Deo) 신앙인이었습니다.

하나님과 동행했던 인물은 아이들과 같이 길을 가면 아이들이 있으니까 말도 조심합니다. 누구와 함께 있느냐에 따라서 그 사람의 언행이 결정됩니다. 말을 함부로 하고 옳지 못한 일을 하는 사람들은 그 주변의 사람들도 그렇게 행동하기 때문에 잘못된 일을 개의치 않고 자유롭게 하는 것입니다.

혹시 자기 아들딸과 같이 가면서 못된 말이나 못된 일을 하는 부모가 있을까요? 여러분은 과연 누구와 동행하고 계십니까? 하나님과 동행하시기를 바랍니다. 요셉은 하나님과 동행했기 때문에 모든 유혹을 물리칠 수 있었습니다. 그뿐만 아니라 창세기 39장 23절을 보면 여호와께서 요셉과 함께하시므로 그가 형통한 자가 되었다고 증언합니다. '형통하다'라고 하는 것은 '잘

풀린다', '잘 된다', '좋다'는 의미를 가지고 있지만, 요셉이 '형통했다'는 표현은 언제 사용되었을까요? 창세기 39장에서 노예생활을 하고 감옥에 갇혔던 요셉을 보고 형통하다고 말했습니다.

우리가 일반적으로 생각하는 형통한 조건은 부자가 된다든지, 승진을 한다든지, 자식이 잘된다든지, 건강하다든지, 문제가 없다든지 하는 것을 보통 복받았다거나 형통하다고 말합니다. 그러나 진짜 복과 참된 형통이란 여호와께서 요셉과 함께하셨던 것처럼 하나님이 성도와 함께하시고 성도가 하나님과 동행할 때 비로소 형통한 자가 되는 줄로 믿습니다.

자기 힘만 보아도 얼마든지 훌륭했던 모세는 결국 자기 힘에 무너져서 미디안 광야에 던져집니다(출 2:15). 모세의 일생을 보면 세 부분으로 나눌 수 있습니다. 첫 번째 40년은 한 나라의 왕과 지도자와 장군으로서 민족을 이끌 만한 소양을 갖추는 시기였습니다. 두 번째 40년은 철저하게 다시 자신을 낮추고 하나님만 의

지하게 만드는 시간이었습니다. 마지막 40년은 그렇게 준비된 모세를 하나님의 손으로 붙드셔서 민족 구원의 역사와 하나님의 구원의 역사를 이루어가는 주인공으로 멋지게 쓰셨습니다. 그렇게 미디안 광야에 던져져서 하나님 앞에 겸손하게 무릎을 꿇는 모세에게 하나님께서 찾아오셔서 출애굽의 역사적 사명의 자리로 부르십니다.

출애굽기 3장 11-12절을 보면 "모세가 하나님께 아뢰되 내가 누구이기에 바로에게 가며 이스라엘 자손을 애굽에서 인도하여 내리이까 하나님이 이르시되 내가 반드시 너와 함께 있으리라 네가 그 백성을 애굽에서 인도하여 낸 후에 너희가 이 산에서 하나님을 섬기리니 이것이 내가 너를 보낸 증거니라"라고 합니다. 모세는 자신이 없었습니다. 그래서 사양하고 망설입니다. 그런데 하나님께서는 "내가 반드시 너와 함께 있으리라"고 말씀하십니다. 하나님께서는 모세와 동행하시겠다고 하시며 너는 염려하지 말라고 말씀하십니다.

하나님과 동행하십니까? 그렇다면 염려가 없어야 합

니다. 여러분의 마음에 염려가 많습니까? 하나님과 동행하지 않기 때문입니다.

하나님이 함께한 모세는 이제 애굽으로 향합니다. 하나님께서는 모세와 동행하시면서 열 가지 재앙으로 애굽의 모든 우상을 다 물리치십니다(출 7~11장). 그리고 홍해를 가르시고 반석에서 물을 내시고(출 17장) 만나를 주시고(출 16장) 메추라기를 주시며(출 16장) 구름기둥과 불기둥(출 40:38)으로 이스라엘 백성을 인도해 주셨습니다. 이런 역사는 하나님이 모세와 동행하실 때 가능했습니다.

여러분이 엄청난 역사를 이루기를 원한다면 하나님과 동행하시기 바랍니다. 모세는 역사에 비견할 자가 거의 없을 만큼 탁월한 지도자였습니다. 그런 모세가 죽은 다음에 이스라엘을 인도한 사람은 여호수아입니다(수 1:1). 여호수아가 한 치 앞을 내다볼 수 없는 가나안 땅을 눈앞에 두고 있을 때 하나님께서 여호수아에게 이렇게 말씀하셨습니다. "네 평생에 너를 능히 대적할 자가 없으리니 내가 모세와 함께 있었던 것 같이 너와 함께 있을 것임이니라 내가 너를 떠나지 아니하며 버리지 아니하리니"(수 1:5). 여호수아와 동행하시겠다는 약속입니다.

결국 하나님이 동행했던 여호수아는 가나안 땅에 들어가게 되었고 정복 전쟁과 영토 분할을 통해서 이스라엘 백성을 가나안 땅에 정착시킵니다. 하지만 그런 외적인 모습이 중요한 것이 아니라 후대에 여호수아라고 하는 이름을 기억하는 사람은 다 하나님을 기억하게 하는 놀라운 믿음의 거장이 되었다는 것이 중요합니다.

여러분! 훗날 누군가 여러분의 이름을 기억할 때 여러분을 기억하면서 믿음을 찾아볼 수 있을까요? 하나님과 동행하면 가능해집니다. 하나님과 동행하시기를 바랍니다. 하나님과 동행하면 이처럼 전혀 다른 차원의 삶을 사는 것입니다. 에녹은 죽음을 보지 않고 하늘로 올라갔고, 노아는 다 죽는 세상에서 홀로 살아남게 되었고, 요셉은 엄청난 고통과 고난 가운데서도 형통한 자가 되었으며, 세계 초강대국이자, 어느 나라도 상대하지 못한 애굽은 이스라엘 민족을 해방시켜 주는 나라로 바뀌게 됩니다. 이것이 하나님과 동행함의 결과입니다.

하나님과 일평생 동행했던 다윗은 어떤 고백을 했습니까? 시편 23편 1절에 "여호와는 나의 목자시니 내게 부족함이 없으리로다"라고 고백했습니다. 과연 다윗이 우리가 생각할 정도로 부족함이 없었던 삶을 살았을까요? 다윗은 사무엘에게 기름 부음 받은 이후에 골리앗을 물리칠 때까지만 해도 잘나가는 유명한 자였습니다. 그때 당시 "여인들이 뛰놀며 노래하여 이르되 사울이 죽인 자는 천천이요 다윗은 만만이로다"(삼상 18:7)라고 했으니 다윗이 받은 평가가 어떠했는지 충분히 알 수 있습니다.

그런데 그때부터 다윗의 고난이 시작되었습니다. 사울 왕은 다윗을 죽이려고 했고 다윗은 도망자가 됩니다. 다윗이 도망자 신세를 벗어나기까지 굉장히 오랜 시간이 걸립니다. 숨어 지내야 했고, 먹지 못했고, 심지어 미친 척도 해야 했고, 다른 나라로 피신도 해야 했습니다. 그의 일생에 좋은 날도 있었지만 궂은 날이 너무 많아서 "여호와는 나의 목자시니 내가 부족함이 없으리로다"라고 고백할 형편이 아니었습니다.

이 고백은 '나는 왜 이렇게 살까' 하는 자조적인 한탄이 아닙니다. 내 형편과 처지가 어떠하든지 '여호와는 나의 목자시니 내가 하나님과 동행하기만 한다면 내가 부족함이 없으리로다'라는 마음입니다. 그래서 다윗은 시편 23편 4절에서 "내가 사망의 음침한 골짜기로 다닐지라도 해를 두려워하지 않을 것은 주께서 나와 함께 하심이라"는 놀라운 신앙고백을 했습니다.

우리는 지금보다 더 좋아지고, 나아지고, 잘되고, 술술 풀려야 그것이 복인 줄 알고 형통한 줄 아는 경향이 있습니다. 그런데 다윗은 그런 것과는 상관없이 성숙한 모습을 보입니다. 내가 사망의 음침한 골짜기를 다녀도 '하나님이 나와 함께 하시면', '하나님이 나의 목자가 되시면', '하나님과 내가 동행하면', 내게 부족함이 없다고 하는 것입니다. 결국 다윗은 어떻게 되었습니까? 이스라엘 전 역사를 통해서 가장 위대한 임금이 되었습니다. 지금도 이스라엘은 국기에 다윗의 별을 새겨놓고 다윗을 흠모할 정도입니다.

우리 모두 하나님과 동행하기를 주님의 이름으로 축원합니다. 이 시대에 우리에게 매우 중요한 단어 '동행'을 떠올리기 바랍니다. 우리는 늘 하나님과 '동행'해야 합니다. 하나님과 동행한다는 것은 먼저 우리가 하나님의 말씀을 따라 사는 것입니다. 어떤 경우에도 주의 종이 전한 말씀의 은혜를 받고 그 말씀대로 사시기를 바랍니다. 말씀을 놓치고 살면 성도의 특권을 누리지 못합니다. 조금 힘들어도 강단에서 선포되는 말씀을 믿음으로 받고, 그 말씀대로 살기 위해 노력할 때 하나님께서 은혜를 주십니다. 그리고 성령의 인도하심을 따라 살아야 하는데 이것은 말씀과 기도로 가능한 일입니다(딤전 4:5). 우리가 무릎을 꿇고 하나님 앞에 나를 온전히 내려놓으며 그분의 뜻을 구하면 하나님께서 성령 충만함으로 우리 삶을 인도해 주십니다. 우리 모두 하나님과 동행하시기를 주님의 이름으로 축원합니다.

또한 성도는 이웃 사람들과 동행하며 살아야 합니다. 요한일서 1장 7절을 보면 "그가 빛 가운데 계신 것 같이 우리도 빛 가운데 행하면"이라고 했습니다. 성도들 간에 서로 사귀며 동행한다는 뜻입니다. 지금 이 시대를 보면 건강과 가정과 자녀와 부모와 부부 관계 등 문제 없는 사람이 없을 정도입니다. 그렇지만 지금 이 시대의 가장 심각한 문제 가운데 개인주의와 이기주의와 고립주의를 통해 우리 인간의 심상을 지배하는 '고독'은 정말로 크게 다가옵니다. 사람의 마음속에는 누구나 고독의 씨앗이 있습니다. 때로는 그 고독이 큰 나무가 되어 나를 누르면 우울증이 되기도 하고, 공황장애가 되기도 하며, 이상한 방향으로 내 인생을 바꾸어 버리기도 합니다. 여기에는 예외가 없습니다. 정도의 차이는 있지만 누구나 이런 문제로 고민하게 됩니다.

저 또한 예외가 아닙니다. 저도 기질적으로 그런 면

이 강합니다. 그렇기 때문에 어렸을 때부터 저를 지탱해온 두 가지 의미 있는 취미가 있는데, 하나는 독서이고 다른 하나는 깊이 생각하며 사색하는 것입니다. 그런데 깊이 생각을 하다 보면 때로는 고독감이 나를 덮을 때가 있습니다. 물론 고독할 때 작품이 나오기도 합니다. 천재적인 예술가나 음악, 미술, 작가와 같은 예술적인 취향을 가진 사람들은 이런 고독감에 통달한 사람들입니다.

지금부터 600년 전에 《기독교강요》라는 명저를 써서 기독교와 개혁신학의 기초를 놓았던 칼빈 목사님(John Calvin, 1509-1565)의 개인적인 삶은 평안하지 못했습니다. 칼빈의 신학과 신앙처럼 살라고 하면 그렇게 살겠지만, 개인적인 삶은 그리 유복하지 못했습니다. 인간적으로 너무나 고독한 삶을 살았습니다. 지금 이 시대는 고독한 시대입니다. 예수님을 믿는 성도들도 극심한 고독을 안고 소외되어 살아가고 있습니다. 그래서 주변을 돌아볼 여유도 없고 이유도 없습니다.

그러나 사람은 모두 함께 살아야 합니다. 혼자 사는 것이 아닙니다. 혼자 사는 게 좋다며 자연 속에서 생활하는 분들도 있지만 그런 분들도 누군가 방문하면 너무나 반가워하는 모습을 보게 됩니다. 이것은 인간은 혼자 사는 존재가 아니라는 것을 보여줍니다. 인간은 사회적인 존재임을 반증합니다. 인간은 독립적으로 존재하는 것이 아니라 다른 사람과 끊임없이 관계를 맺으면서 존재합니다. 그래야 정서적으로나 사회적으로 건강한 삶을 살 수 있습니다.

사람은 태어나면서부터 개인을 둘러싼 인간관계 속으로 들어갑니다. 가족처럼 말입니다. 부모 없이 태어난 사람이 어디 있습니까? 더 나아가 개인의 성장과 더불어 확대된 사회관계 속에 들어가는데 친구, 학교, 회사, 단체 등 여러 관계를 통해 사회 속에서 생활하게 됩니다. 때로는 인간관계가 힘들기도 하지만 그럼에도 이런 관계 속에서 살아갑니다.

인간은 집단 속에서 태어나 집단 속에서 성장하고

집단의 영향을 받고 살아가는 존재이기에 결코 혼자 살 수 없습니다. 인간이 개인으로서 존재하고 있지만 끊임없이 타인과 사회와의 관계 속에서 존재하는 것입니다. 인간은 사회를 떠나서나 사람을 떠나서 살 수 없습니다. 사람과 함께 사람 속에서 같이 더불어 사는 것입니다. 잠언 22장 2절을 보면 "가난한 자와 부한 자가 함께 살거니와 그 모두를 지으신 이는 여호와시니라"라는 지혜의 교훈이 있습니다. 사람들이 섞여 살도록 하나님께서 지으셨다는 것입니다.

물론 사람은 서로 다릅니다. 부함이 다르고 건강이 다르기도 하고 모든 면에서 다소간의 차이가 있을 수 있습니다. 그렇지만 중요한 것은 차이가 있다 할지라도 이 시대를 함께 살아간다는 것입니다. 성도는 이웃과 동행하며 살아야 합니다. 나 혼자 살면 안 됩니다.

요즘 TV 프로그램에 혼자 살면서 개나 고양이와 섞여 사는 가정을 소개하는 내용이 유행하고 있습니다. 물론 이런 사회적 현상을 충분히 이해하기도 하지만 원칙적으로 사람은 가족과 함께 이웃과 함께 생활하는 것이 하나님이 세우신 질서입니다.

성도는 어디에서 어떻게 살아가야 하는가에 대한 답이 예수님의 가르침 속에 있습니다. 마태복음 5장 13-14절을 보면 "너희는 세상의 소금이고 세상의 빛이라"고 했습니다. 그리고 5장 16절에서는 "이같이 너희 빛이 사람 앞에 비치게 하여 그들로 너희 착한 행실을 보고 하늘에 계신 너희 아버지께 영광을 돌리게 하라"고 권면했습니다.

이처럼 사람 앞에 너희 빛을 비추라고 예수님은 교훈하셨습니다. 즉 사람들과 함께하라는 말입니다. 우리 기독교 신앙은 산속에서 홀로 생활하는 것이 아닙니다. 고립된 공간에 있는 것도 아닙니다. 사람들과 함께하고 동행하라고 강조합니다.

주님께서 마태복음 22장 39절에서 "네 이웃을 네 자신 같이 사랑하라"고 가르치셨지 않습니까? 우리는 이웃과 함께, 이웃을 사랑하며 생활해야 합니다.

위대한 사도였던 바울은 로마서 15장까지 사역을 마치고 16장을 기록하면서 그동안 예수 그리스도의 복음을 전하는 과정에서 자신과 동행했던 여러 인물들에 대해 기록합니다. 거기에는 도움을 주는 좋은 인물도 있지만, 나쁜 영향을 주었던 아쉬운 인물들에 대한 언급도 있습니다. 혹시 지금 여러분에게 로마서 16장을 기록하라고 한다면 어떤 인물이 어떤 모습으로 등장할까요?

여러분은 지금 누구와 동행하고 있습니까? 우리는 누군가와 동행해야 합니다. 야고보서 2장 14-17절 말씀입니다.

"내 형제들아 만일 사람이 믿음이 있노라 하고 행함이 없으면 무슨 유익이 있으리요 그 믿음이 능히 자기를 구원하겠느냐 만일 형제나 자매가 헐벗고 일용할 양식이 없는데 너희 중에 누구든지 그에게 이르되 평안히 가라, 덥게 하라, 배부르게 하라 하며 그 몸에 쓸 것을 주지 아니하면 무슨 유익이 있으리요 이와 같이 행함이 없는 믿음은 그 자체가 죽은 것이라."

결국 이웃과 함께해야 한다는 말씀입니다. 말로만 하지 말고 실제로 이웃과 함께, 이웃과 동행하며 같이 하라는 권면입니다.

성도는 물론 믿음으로 살지만 이웃과의 관계에서 지켜야 할 인간적인 예의와 도덕과 윤리가 있습니다. 믿음은 예수님을 믿는 성도들에게 매우 중요한 정서지만 이 땅을 살아가는 시민으로서 지켜야 할 인간적인 예의와 도덕과 윤리 또한 매우 중요합니다. 왜냐하면 함께 살고 동행하기 위해서 교회 안에서는 그럴듯하게 살면서 교회 문만 벗어나면 자연인이 되어 하나님 없는 자처럼 산다면 우리는 하나님과 동행하는 것이 결코 아니기 때문입니다.

하나님과 동행하지 않으면 비극입니다. 망하게 됩니다. 하나님과 동행하는 것이 축복입니다. 하나님과 동행하면 필연적으로 이웃과 동행하게 되어 있습니다.

성경의 인물들은 다 자기 주변에 주어진 사람들과 어떻게 동행하였는가의 내용을 기록하고 있습니다.

지금 내 주변의 사람들인 가족, 친구, 직장 동료, 그리고 무엇보다 믿음의 형제들을 소중히 여겨야 합니다. 그런데 안타깝게도 우리가 제일 함부로 하는 사람이 누구인 줄 아십니까? 바로 가장 가까운 가족이나 믿음의 사람들에게 함부로 합니다. 진짜 소중한 사람들에게 지나치게 함부로 하는 못된 습관이 몸에 배어 있습니다.

이러면 안 됩니다. 어떤 경우에도 사람에 대해서나 이웃과 성도에 대해서 우리 마음이 식어 냉정하면 안 됩니다. 그들은 모두 나와 동행하도록 하나님께서 주신 이웃이기 때문입니다.

누가복음 16장에 나오는 부자의 문제가 무엇입니까? 돈 많은 게 문제입니까? 그 사람이 임금이 입는 귀한 옷을 입은 게 문제입니까? 임금이나 먹는 밥상을 받는 것이 문제입니까? 아닙니다. 자기는 임금이나 입는 값비싼 옷을 입고 임금이나 먹을 음식을 먹으면서, 정작 거지 나사로에 대해서는 무관심하고 냉정한 것이 문제입니다.

내 주변에 있는 사람이 누구든지, 그분을 하나님께서 나와 동행할 자로 주셨다는 사실을 잊어서는 안 됩니다. 서로를 위험한 사람들로 여기는 시대 속에서 우리들이 해야 할 일은 더욱 사랑하는 것입니다(요 13:34-35).

이러한 동행의 의미를 기억하면서 먼저 우리가 하나님과 동행해야 합니다. 에녹, 요셉, 모세, 여호수아, 다윗은 하나님과 동행했고, 그 하나님과의 동행이 이웃과의 동행에 영향을 주었습니다. 믿음이 있다면 그 믿음이 이웃과의 관계에 영향을 주어야 한다는 것입니다. 하나님과 동행하고 이웃과 동행하는 성도가 되시기를 주님의 이름으로 축원합니다.

책임 Responsibility (1)

디모데후서 2:14-17

"너는 그들로 이 일을 기억하게 하여 말다툼을 하지 말라고 하나님 앞에서 엄히 명하라 이는 유익이 하나도 없고 도리어 듣는 자들을 망하게 함이라 너는 진리의 말씀을 옳게 분별하며 부끄러울 것이 없는 일꾼으로 인정된 자로 자신을 하나님 앞에 드리기를 힘쓰라 망령되고 헛된 말을 버리라 그들은 경건하지 아니함에 점점 나아가나니 그들의 말은 악성 종양이 퍼져나감과 같은데 그 중에 후메내오와 빌레도가 있느니라."

약 30년쯤 된 이야기입니다. 제가 전도사이던 시절은 사역자가 많은 때가 아니었습니다. 교회에 교역자가 담임목사님과 교육전도사인 저 둘뿐이었는데, 교육전도사인 제가 모든 주일학교와 중고등부를 지도하고, 목사님을 수행하며 심방도 다녔습니다. 그 시절에는 다른 특별한 방법이 없었습니다. 지금은 교회 사역이 세분화되어 사역자들이 각 파트에서 책임 있고 규모 있게 사역을 감당하고 있지만 30년 전만 해도 대부분의 교회가 다 규모를 갖추지 못했습니다.

그런데 제가 그렇게 바쁘고 분주한 상황에서도 어린이 제자 훈련을 했습니다. 어린이들 10명 정도씩을 세 그룹으로 나누어 파이디온선교회에서 발행한 교재로 '디모데 제자훈련'을 했습니다. 그러면서 숙제를 내주었는데 어떤 단어를 하나 주면서 그 단어를 한 주간 묵상하고 다음 주에 와서 발표를 하도록 했습니다.

제가 지금까지 기억하고 있는 것은, 돌아가면서 발표를 하는데 한 어린이가 냉장고에 대해서 이렇게 발표한 내용입니다.

"냉장고 코드가 콘센트에서 빠지면 음식이 상해요. 냉장고 코드가 콘센트에서 빠지면 냉장고가 아니에요. 냉장고 코드는 꼭 콘센트에 연결해야 돼요."

그걸 모르는 사람이 어디 있겠습니까? 그런데 그다음 말이 "나는 말씀과 기도로 하나님과 연결되어 살겠어요"라고 하는 것이었습니다. 저는 냉장고를 볼 때마다 그 말을 떠올리고 기억합니다.

여러분은 어떤 단어를 떠올릴 때 무슨 생각을 하십니까? '시대의 키워드를 통해 시대를 읽고 또 성도로서 어떻게 살아야 할 것인가?'를 주제로 앞서 '동행'이라는 단어를 살펴봤는데 중요한 것은 하나님과의 동행이 이웃과의 동행에 영향을 주는 것이라고 하였습니다. 예수님을 믿는 성도는 하나님과 동행하는 일을 잘할 때 이웃과 동행하는 일이 가능해집니다. 그런데 그것의 본질이 잘못되면 겉으로는 그럴듯해 보여도 다 가짜가 되고 맙니다.

이번에 살펴볼 키워드(key word)는 '책임'(Responsibility)입니다. 책임이라는 말의 사전적인 의미는 '맡아서 행해야 할 의무나 임무를 감당하는 것'입니다. 내가 꼭 해야 할 일을 말하는 것입니다. 그리고 법률상의 어떤 분리나 물리적인 제재를 받는 것은 책임 때문에 그렇습니다. 법률적으로 위법한 행위를 하는 사람에 대해서 법적인 제재를 가할 때 책임을 지게 한다고 합니다. 우리도 가끔 대화를 하거나 사람들과의 관계 속에서 책임을 져야 할 때가 있습니다. 책임을 진다는 말은 의무를 갖는다는 말입니다.

성경은 온통 책임에 대한 말과 책임에 대한 이야기로 가득 차 있습니다. 성경을 읽는 가운데 어떤 인물에 대해서 살피면 거의 책임과 떨어져서 살필 수 없는 중요한 이야기가 전개됩니다. 책임이라는 단어는 너무나 중요한 내용을 포함하고 있기에 부득이하게 두 번으로 나누어 살펴보고자 합니다. 먼저 성도가 하나님과의 관계에서 책임을 가져야 한다는 내용을 살펴보기를 원합니다.

디모데후서 2장 15절에 "너는 진리의 말씀을 옳게 분별하며 부끄러울 것이 없는 일꾼으로 인정된 자로 자신을 하나님 앞에 드리기를 힘쓰라"고 합니다. 주의 종들은 진리의 말씀을 옳게 분별해야 하고, 부끄러울 것이 없이 인정된 자로 하나님께 드리라고 말씀합니다. 다시 말하면 성도다운 모습으로 하나님께 자신을 드리는 것이 '책임'이라는 단어에 대한 저의 해석입니다. 우리는 성도다운 모습으로 하나님께 자신을 드려야 합니다.

사람에게 중요한 것은 그가 가지고 있는 외모나 소유보다도 '얼마나 책임의식을 가지고 사느냐'입니다. "저 사람 참 무책임하다"라는 말은 굉장히 무서운 말입니다. 외모나 소유를 보고 이 사람은 우리의 임금이 될 만하다고 세웠던 사울 왕이 얼마나 무책임하게 하나님과의 관계와 이웃과의 관계에서 실패했는지를 우리가 알고 있습니다(삼상 15:23).

특별히 성도에게 중요한 것은 하나님의 백성으로서 가져야 할 책임의식입니다.

성도는 책임을 가져야 합니다. 성도가 '나는 이렇게 생각하고 이렇게 행동하겠다'고 마음먹는 순간, 그 책임에 대한 결과도 반드시 따라온다는 의미입니다. 내가 책임진 일에 대해서는 결과가 따릅니다.

예수님을 믿는 성도에게는 이미 예비된 복이 있습니다(신 33:29). 하늘의 복과 영적인 복입니다. 본질적으로 우리는 복받은 사람입니다(시 1:1). 어떤 복을 받았습니까? 예수님을 믿고 구원받아 천국 가는 최고의 복을 받았습니다. 에베소서 1장 3절을 보면 "찬송하리로다 하나님 곧 우리 주 예수 그리스도의 아버지께서 그리스도 안에서 하늘에 속한 모든 신령한 복을 우리에게 주시되"라고 말씀합니다.

내가 누군지를 알아야 교회 다니는 나의 정체성이 무엇인지 알게 됩니다. 나는 하늘에 속한 모든 신령한 복으로 나에게 복을 주시는 하나님의 은혜와 복을 받은 사람임을 믿으시기 바랍니다. 내가 무슨 복을 받았는지도 모르고 예배당 문을 출입하는 것은 결코 바람직하지 않습니다.

자기 믿음의 정체성을 모르는 것처럼 불쌍한 것이 없습니다. 내가 왕자인지 아닌지도 모르고 분수 넘게 왕자처럼 살고 있거나 혹은 격에 맞지 않게 사는 성도가 되면 안 됩니다. 우리는 주님 나라의 왕자로서 천국의 왕자와 성도답게 살아야 합니다(히 11:16). 만약 우리가 성도로서 마땅히 감당해야 할 책임을 제대로 이행하지 못하고 있음을 깨달았다면, 바로 그 순간 그 책임을 다하기 위해 다시 마음을 다잡고 힘써야 한다는 뜻입니다.

하나님께서 당신의 백성에게 주시는 복에는 두 가지 측면이 있습니다. 첫째는 하늘에 속한 모든 신령한 복을 적극적으로 내려주시는 것이고, 둘째는 저주가 우리에게 미치지 못하도록 막아주시는 보호의 은혜입니다.

아브라함에게 하신 말씀인 창세기 12장 2-3절에 "내가 너로 큰 민족을 이루고 네게 복을 주어 네 이름을 창대하게 하리니 너는 복이 될지라 너를 축복하는 자에게는 내가 복을 내리고 너를 저주하는 자에게는 내가 저주하리니 땅의 모든 족속이 너로 말미암아 복을 얻을 것이라 하신지라"고 말씀했습니다. '너'를 축복하는 자에게는 복을 내리신다는 말씀에 우리는 고개를 끄덕일 수 있습니다.

그런데 그보다 더 좋은 부분은 '너를 저주하는 자에게는 내가 저주하리라'는 말씀입니다. 다시 말하면 누가 너를 저주하지 못하도록 내가 너를 지키고 책임져 주시겠다는 것입니다. 우리는 내가 어떤 사람인지 알고 살아야 됩니다. 하나님이 나에게 복을 주시기도 하지만 저주를 막아주기도 한다는 뜻입니다(신 28:6).

그러면 이렇게 놀라운 은혜를 입은 성도는 하나님 앞에 어떤 책임을 가져야 할까요? 히브리서 12장 2절에 "믿음의 주요 또 온전하게 하시는 이인 예수를 바라보자"고 했습니다. 성도의 목표는 세상에서 성공하는 것이 아닙니다. 이는 세상에서 성공하는 것이 나쁘거나 성공하지 말아야 한다는 말이 아닙니다. 우리 삶의 목적과 목표는 단순히 눈에 보이는 세상의 성공만

이 아니라는 말입니다. 성도는 예수님을 믿음으로 이미 성공한 자가 되었습니다. 승리하고 복받은 자가 된 것입니다.

그러므로 예수를 바라보아야 합니다. 예수님이 내 인생에 있어서 가장 중요한 삶의 기반이 되어야 합니다(마 16:18). 이것이 성도의 본질입니다. 예수님을 붙잡고, 예수님과 함께하고, 예수님을 따라가고, 예수님과 동행할 때에 예수님께서 나를 책임져 주신다는 말입니다. 그래서 예수님을 믿는 성도는 삶의 방향이 완전히 바뀌었습니다(고후 5:17). 예수님을 믿음과 동시에 우리 삶의 방향이 완전히 바뀌었습니다. 예수님을 믿기 전에는 내가 죄악 가운데 있었고 멸망 가운데 있었지만 지금은 구원의 영역 안에 들어왔습니다. 예수님을 믿는 성도는 내가 어떻게 살아야 할지 방향이 따로 있다는 말입니다(고전 9:26). 방향이 달라졌습니다. 이제는 그리스도 안에서 내가 거룩한 자가 되었고 믿음의 사람이 되었으며 하나님이 사랑하시는 은혜를 입은 자가 되었다는 말입니다.

그래서 사도 바울은 고린도전서 10장 31절에서 "그런즉 너희가 먹든지 마시든지 무엇을 하든지 다 하나님의 영광을 위하여 하라"고 했습니다. 성도는 하나님의 영광이라는 거룩한 책임이 있습니다. 내가 어떤 생각을 하든지, 무슨 말을 하든지, 무슨 일을 하든지 내 삶의 지향하는 바가 달라져야 내가 목표한 바를 이루고, 내 한을 풀어내며, 하나님의 영광을 위한 삶을 살 수 있습니다. 우리 가문의 소원을 이루어 내야 한이 풀리는 것이 아닙니다. 내 인생의 중요한 목적은 하나님의 영광입니다(롬 11:36). 이것이 거룩한 책임입니다. 다른 표현으로 말하면 성도가 가져야 할 삶의 진정한 목적은 내가 아닌 오직 하나님의 영광에 있는 줄로 믿습니다!

성도는 하나님께 책임을 다해야 하고 하나님께 책임을 다하면 하나님께서는 성도 된 저와 여러분을 책임져 주십니다. 하나님은 참 재미있는 분이십니다. 우리가 예수님을 믿고 구원받은 것에 무슨 조건이 있습니까? 어떤 사람은 조건이 있다고 말합니다. 예수님 믿는 것이 조건이 된다는 것은 정말 모르고 하는 이야기입니다. 예수님을 믿도록 해주시는 것도 전적인 하나님의 은혜요 성령의 역사인 줄로 믿습니다(엡 2:8).

그러므로 내가 한 일은 아무것도 없습니다. 나는 전적으로 무능하고 전적으로 부패하고 전적으로 타락하여 영원한 지옥형벌을 받아야 마땅합니다. 에베소서 2장 1, 5절 말씀의 방식으로 말하면 허물과 죄로 이미 죽었습니다. 그런데 하나님이 그런 나를 뽑아서 구원해 주셨습니다. 아무런 조건 없이 구원해 주셨습니다. 조건을 따지면 우리 중에 구원받을 사람은 아무도 없습니다. 로마서 5장 8절에서도 "우리가 아직 죄인 되었을 때에 그리스도께서 우리를 위하여 죽으심으로 하나님께서 우리에 대한 자기의 사랑을 확증하셨느니라"고 했습니다. 그러므로 내가 천하보다 귀한 구원을 얻은 것에 대해서 하나님께는 조건이 없었습니다. 그런데 구원의 영역 안에 들어와 있는 성도에게는 하나님이 복 주시기를 원하십니다.

그 복을 받으려면 조건이 있습니다. "너희가 이 모든 법도를 듣고 지켜 행하면 네 하나님 여호와께서 네 조상들에게 맹세하신 언약을 지켜 네게 인애를 베푸실 것이라"(신 7:12). 즉 모든 법도를 듣고 지켜 행하며 하나님께서 주신 계명을 지키면 복을 받고, 어기면 벌을 받는 것이 하나님이 우리에게 주신 복을 받는 방법입니다. 이것은 하나님에 대한 강력한 책임을 말합니다.

구약성경을 보면 출애굽기에 십계명을 기록하고 있고, 레위기에서는 다섯 제사와 일곱 절기를 기록하고 있습니다. 모두 누구에게 주는 것입니까? 이스라엘 백성에게 준 것입니다. 출애굽한 다음 출애굽의 역사는 영적으로 구원의 역사를 의미합니다. 하나님께서 죄악의 땅인 애굽에서 이스라엘 백성들을 구원해내신 역사를 영적인 관점으로 바라보면 하나님께서 죄와 사망에서 우리를 건져주신 것으로 이해할 수 있습니다. 구원받은 이스라엘 백성들에게 하나님께서는 십계명도 주시고 다섯 제사와 일곱 절기를 통해서 나에게 나아오라고 하셨습니다. 하나님의 백성은 하나님께 어떤 책임을 져야 하는가를 보여 줍니다.

그런데 신명기 4장 5-7절을 다시 말하면 구약의 모든 율법은 반드시 그렇게 해야 됩니다. 반드시 지키면 하나님께서 책임지시는 축복이 임하고, 어기면 하나님께서 친히 벌하시고 심지어 죽음의 형벌을 내리십니다. 여러분! 하나님은 놀라운 분입니다. 하나님께서는 택한 백성이 구원받아 복을 받고 살기를 원하십니다.

전도서 12장 13절에서도 "일의 결국을 다 들었으니 하나님을 경외하고 그의 명령들을 지킬지어다 이것이 모든 사람의 본분이니라"고 했습니다. 성도는 하나님의 말씀을 듣고 지켜야 할 책임이 있습니다. 누구 말을 들으며 살아야 합니까? 이 세상의 말을 듣지 말고 하나님의 말씀을 듣고 지키시기를 주님의 이름으로 축원합니다.

> "이스라엘아 네 하나님 여호와께서 네게 요구하시는 것이 무엇이냐 곧 네 하나님 여호와를 경외하여 그의 모든 도를 행하고 그를 사랑하며 마음을 다하고 뜻

을 다하여 네 하나님 여호와를 섬기고 내가 오늘 네 행복을 위하여 네게 명하는 여호와의 명령과 규례를 지킬 것이 아니냐"(신 10:12-13).

이 말씀에서 우리에게 어떤 책임을 주셨습니까?

첫째, 네 하나님 여호와를 경외하라고 했습니다. 단순한 의무가 아니라 하나님을 경외하는 것입니다.

둘째, 그 모든 도를 행하라는 것입니다. 네게 명하는 여호와의 명령과 규례를 지키며 말씀대로 살라는 것입니다.

셋째, 하나님을 사랑하는 것입니다. 하나님 앞에 무례하면 안 됩니다. 사랑은 결코 무례한 것이 아닙니다(고전 13:5). 하나님과의 관계에서도 그렇고 사람과의 관계에서도 그렇습니다. 우리 인간의 죄악된 본성이 있기 때문에 그런 것입니다(롬 3:10, 23). 하나님을 사랑하는 방법은 하나님 앞에서 무례를 범하지 않는 것입니다.

넷째, 마음을 다하고 성품을 다하여 네 하나님 여호와를 섬기라는 것입니다. 하나님 앞에 예배와 찬양과 기도와 헌금을 드리고 우리의 일상의 삶을 드리는 이 모든 일을 하나님이 우리에게 요구하신다는 뜻입니다.

분명하고 확실하게 신명기 28장 1절에서 "네가 네 하나님 여호와의 말씀을 삼가 듣고 내가 오늘 네게 명령하는 그의 모든 명령을 지켜 행하면 네 하나님 여호와께서 너를 세계 모든 민족 위에 뛰어나게 하실 것이라"고 약속하셨습니다. 하나님의 명령과 약속을 책임 있게 지키면 하나님께서 복을 주실 줄 믿습니다.

구약에 등장하는 이삭은 기근이 심하고 땅이 척박한 곳에 있었습니다. 그런데 창세기 26장 2-3절을 보면 "여호와께서 이삭에게 나타나 이르시되 애굽으로 내려가지 말고 내가 네게 지시하는 땅에 거주하라 이 땅에 거류하면 내가 너와 함께 있어 네게 복을 주고 내가 이 모든 땅을 너와 네 자손에게 주리라"고 하셨습니다.

이삭은 아버지 때부터 유대 남방의 사막에 거했습니다. 유대 남방에서부터 올라가면 시나이 반도가 나오고 그곳을 건너 내려가면 애굽이 나옵니다. 애굽은 살기 좋은 곳으로 찬란한 문명을 이뤘고 취직도 잘되고 사업도 잘되고 살기도 좋고 물도 많고 안 되는 것이 없을 정도로 좋은 곳이었습니다. 그래서 그때 당시 사람들이 좋은 것을 말할 때 두 가지 표현을 썼는데, 첫째는 여호와의 동산 같다, 둘째는 애굽과 같다는 표현을 썼습니다. 그만큼 애굽은 좋은 곳이었습니다.

그런데 하나님께서 이삭에게 머무르라고 지시하신 곳은 유대 남동부의 유대 광야였습니다. 사막은 볼 것이 없는 곳입니다. 결코 살 곳이 못 되므로 국민 투표를 했습니다. "나는 애굽으로 가서 살 것이다"와 "나는 이 유대 산지에 살 것이다" 이렇게 두 가지 선택지가 있었습니다. 사람들은 당연히 살기 좋은 애굽으로 가고자 했습니다. 그런데 문제가 생겼습니다. 하나님께서 가지 말라고 하시는 것입니다. 애굽으로 가야 살 길이 보이는데 왜 하나님은 애굽으로 내려가지 말라고 하셨습니까?

객관적으로 애굽으로 가지 않을 이유가 없었습니

다. 나중에 이삭의 자손이 가뭄을 피해 요셉을 따라 애굽에 들어가서 풍족하게 살 때는 좋겠지만 나중에 애굽 사람과 동화될 수 있었기 때문에 가지 말라고 하신 것입니다. 결국 이삭은 하나님의 말씀대로 순종하여 애굽에 들어가지 않았습니다.

결과적으로 어떻게 되었습니까? 이삭이 복을 받았습니다. 이삭이 복을 받은 이유는 하나님께서 지시한 땅을 떠나지 않았기 때문입니다. 하나님이 나에게 주신 말씀에 대한 책임을 붙잡았기 때문입니다. "이삭이 그 땅에서 농사하여 그 해에 백 배나 얻었고 여호와께서 복을 주시므로 그 사람이 창대하고 왕성하여 마침내 거부가 되어 양과 소가 떼를 이루고 종이 심히 많으므로"(창 26:12-14). 여호와께서 복을 주시므로 이삭이 창대하고 왕성하여 마침내 거부가 된 것은 하나님의 말씀에 순종했기 때문임을 기억하시기 바랍니다.

이삭이 기근의 땅에 머문다는 것은 결코 쉬운 일이 아니었습니다. 이는 굉장한 모험이었습니다. 굉장한 리스크(risk)가 있는 일입니다. 그렇지만 이삭은 믿음으로 순종했습니다. 결국 하나님에게 책임을 다하면 하나님께서는 우리가 상상할 수 없는 복과 은혜를 내려주시는 줄로 믿습니다.

진정 중요한 것은 '무엇을 얻거나 알거나 이루려고 염려하지 말고 먼저 내가 하나님의 말씀을 듣고 지켜서 잘 행하고 있는가'입니다. 진정한 믿음의 본질을 정확하게 살펴야 됩니다.

주어진 인생길에서 예수님을 만나 구원받고 성도로 살아가는 것 자체가 복 중의 복입니다. 이 구원의 복은 값 없이 받는 것입니다(고전 15:10). 이것은 상상할 수 없는 복을 이미 받은 것과 같습니다. 저와 여러분은 이제 성도의 이름을 가지고 살아가고 있습니다. 성도의 이름이 주는 무게가 무엇입니까? 그것은 하나님에 대하여 책임을 감당하는 것입니다.

무엇보다 우리는 하나님을 경외해야 합니다(전 12:13). 주일을 지키고, 십일조를 드리고, 예배를 드리는 기본적인 믿음의 문제가 너무 중요합니다. 이러한 기본적인 믿음을 지키는 일이 하나님을 경외하는 방법입니다. 하나님의 말씀을 듣고 지켜 순종해야 합니다. 우리가 말씀대로 사는 것은 하나님의 말씀인 성경대로 살고 또 주의 종을 통해서 주신 말씀대로 사는 것입니다. 이것은 이래도 되고 저래도 되는 것이 아니라 반드시 그렇게 해야만 하는 일입니다. 그래서 '책임'이라고 하는 강력한 단어를 살펴본 것입니다.

하나님께서 요구하신 성도의 책임은 책임만으로 끝나지 않습니다. 하나님께서 우리에게 주신 성도의 책임은 그대로 내 인생의 축복으로 이어지는 줄 믿습니다. 제가 '냉장고'라는 단어만 생각하면 그 어린이의 묵상 발표를 잊지 않고 기억하듯이, '책임'이라는 단어가 나올 때마다 먼저 하나님을 기억하면서 하나님의 말씀을 잘 붙잡고 하나님이 예비하신 크고 멋진 축복의 주인공이 되시기를 주님의 이름으로 축원합니다.

책임 Responsibility (2)

디모데후서 2:14-21

"너는 그들로 이 일을 기억하게 하여 말다툼을 하지 말라고 하나님 앞에서 엄히 명하라 이는 유익이 하나도 없고 도리어 듣는 자들을 망하게 함이라 너는 진리의 말씀을 옳게 분별하며 부끄러울 것이 없는 일꾼으로 인정된 자로 자신을 하나님 앞에 드리기를 힘쓰라 망령되고 헛된 말을 버리라 그들은 경건하지 아니함에 점점 나아가나니 그들의 말은 악성 종양이 퍼져나감과 같은데 그 중에 후메내오와 빌레도가 있느니라 진리에 관하여는 그들이 그릇되었도다 부활이 이미 지나갔다 함으로 어떤 사람들의 믿음을 무너뜨리느니라 그러나 하나님의 견고한 터는 섰으니 인침이 있어 일렀으되 주께서 자기 백성을 아신다 하며 또 주의 이름을 부르는 자마다 불의에서 떠날지어다 하였느니라 큰 집에는 금 그릇과 은 그릇뿐 아니라 나무 그릇과 질 그릇도 있어 귀하게 쓰는 것도 있고 천하게 쓰는 것도 있나니 그러므로 누구든지 이런 것에서 자기를 깨끗하게 하면 귀히 쓰는 그릇이 되어 거룩하고 주인의 쓰심에 합당하며 모든 선한 일에 준비함이 되리라."

'책임'(Responsibility)이라는 단어를 고찰하며 이 시대를 살아가는 우리가 어떤 생각을 가지고 살아야 할 것인가에 대해 생각하고 있습니다. 이는 사실 쉬운 일은 아닙니다. 성도는 기본적으로 하나님의 말씀을 통해서 자신의 믿음을 점검하고 바른 길로 가야 합니다(시 119:105). 우리는 성경에 기반을 둔 다양한 단어와 말들을 통해서 이 시대를 살아가는 그리스도인으로서 다짐을 해야 합니다.

성도는 하나님에 대하여 어떤 책임을 가져야 할까요?

첫 번째로 하나님을 경외해야 합니다. 하나님을 경외하되 하나님이 어떤 분인가를 분명히 알아야 합니다(전 12:13). 그분을 섬기는 도를 따라 예배하고, 또 주일을 온전히 지키고 소득의 십일조를 진정으로 바치면서 우리가 하나님 앞에 기본적인 믿음의 문제를 중요하게 여기면서 살아감이 하나님을 경외하는 것입니다. 그리고 하나님의 말씀을 듣고 지켜 순종해야 합니다(수 1:8). 이것이 하나님에 대한 성도의 책임입니다.

두 번째로 성도는 이웃과의 관계에서도 책임을 가져야 합니다. 디모데후서 2장 15절은 이렇게 말합니다.

> "너는 진리의 말씀을 옳게 분별하며 부끄러울 것이 없는 일꾼으로 인정된 자로 자신을 하나님 앞에 드리기를 힘쓰라."

이어서 20-21절 말씀은 이렇게 말합니다.

"큰 집에는 금 그릇과 은 그릇뿐 아니라 나무 그릇과 질그릇도 있어 귀하게 쓰는 것도 있고 천하게 쓰는 것도 있나니 그러므로 누구든지 이런 것에서 자기를 깨끗하게 하면 귀히 쓰는 그릇이 되어 거룩하고 주인의 쓰심에 합당하며 모든 선한 일에 준비함이 되리라."

어떤 사람들은 본문 20절에 있는 말씀을 두고 금이냐 아니냐, 나무 그릇이냐 질그릇이냐 하는 구분을 하기도 합니다. 물론 이것이 의미가 없는 것은 아닙니다. 그렇지만 가장 중요한 단어는 '쓰임받는다'는 것입니다. 금 그릇은 금 그릇대로, 은 그릇은 은 그릇대로, 나무 그릇과 질그릇은 나무 그릇과 질그릇대로 쓰임을 받는다는 것입니다. 이처럼 쓰임을 받기 위해서는 어떻게 해야 합니까?

자기를 깨끗하게 해야 합니다. 그래야 귀히 쓰입니다. 그러므로 우리 자신을 깨끗하게 하는 것도 우리의 책임이고 귀하게 쓰임받는 것도 우리의 책임입니다. 진리의 말씀 안에 서 있는 일꾼에게 금이나 은이나 나무나 질그릇 모두는 성도로서 책임과 관련된 단어들입니다.

'책임'이 무엇입니까? 책임의 사전적인 의미는 '맡아서 행해야 할 의무나 임무'를 말합니다. 마땅히 해야 할 자기의 일입니다. 또 다른 한편으로 책임은 '위법한 행위를 하는 사람에 대해서 법률상으로 물리적인 혹은 불이익의 제재를 받게 하는 것'입니다. "너 책임져. 너 이랬으니 네가 책임져야 해." 이런 말과 같습니다. 성도는 하나님에 대한 책임뿐만 아니라 이웃에 대한 책임이 있습니다. 중요한 것은 하나님을 향한 책임이 하나님을 사랑하는 것에 근거하듯이 이웃을 향한 책임 또한 이웃을 사랑하는 것에 근거합니다.

마태복음 22장 39절은 "네 이웃을 네 자신 같이 사랑하라"고 말씀하십니다. 이는 굉장히 무겁고 중요한 주제입니다. 사람들에게는 책임이 중요합니다. 무책임한 사람처럼 상대하기 힘든 사람은 없습니다. 시간에 무책임하고, 물질에 무책임하고, 약속에 무책임하고, 인간관계에서 무책임한 사람을 대하는 것처럼 힘든 일은 없습니다. 그들은 모든 것이 자기중심적이고, 타인에 대해서는 책임지지 않습니다.

그런데 성경은 우리에게 하나님을 향한 책임도 있고, 이웃을 향한 나의 책임도 있다고 가르칩니다. 그래서 우리는 책임을 다해야 하고, 책임을 다하기 위해서 최선을 다해 살아야 합니다. 우리는 우리가 맡고 있는 여러 가지 역할에 대해서 책임을 다해야 합니다.

우리 주변에 있는 많은 사람들 중에 책임을 완수하는 사람들을 헤아리기가 쉽지 않습니다. 생명을 살리기 위해서 불 속으로 뛰어드는 소방관의 책임을 우리는 다 설명하기가 어렵습니다. 사회적으로 문제가 되는 범죄자를 잡는 경찰관이나, 죄인을 취조하는 검사나 죄에 대한 판결을 하는 판사의 책임 또한 무겁습니다. 병들어 죽어가는 사람들에게 의사나 약사의 책임은 두말할 것도 없습니다. 학생을 가르치는 선생님, 음식을 파는 식당 종사자, 무엇보다도 자녀에 대한 부모의 책임은 이루 말로 다할 수 없습니다.

얼마 전에 아내와 이야기를 나눈 적이 있습니다. 지금까지 우리 아이들이 누구의 아들과 딸로 자라왔다면, 이제는 우리 아들과 딸의 이름 뒤에 내 이름이 있어야 한다고 말입니다. 이것이 부모의 책임입니다. 내 아들과 딸이 앞길을 가는데 부모로서 내 이름이 책임 있는 이름으로 뒤에 있어야 합니다. 시대가 그렇게 변했습니다.

TV 프로그램들 중에 많은 사람들이 즐겨보는 '극한직업', '서민갑부', '생활의 달인' 같은 프로그램이 있습니다. 그런데 이러한 방송 프로그램들은 대부분 비슷한 결론을 맺습니다. 바로 가족에 대한 책임과 사랑입니다. 힘들고 어려운 일들을 감당할 때 가족에 대한 책임과 사랑이 그 원동력이 되기 때문입니다.

우리가 어떤 일을 하든지 내가 가진 책임과 사랑은 그 일에 대한 헌신의 정도를 결정하게 됩니다. 담임목사는 한 교회를 위임받아 진리로 교회를 지키고 목양하는 책임이 큽니다. 교회가 부흥하고 성장하는 데 쓰임받을 책임도 큽니다. 동역하는 부교역자들의 길을 열어주는 책임도 담임목사에게 있습니다. 어려운 시대임에도 선교사님들이 선교 활동을 멈추지 않는 이 유는 바로 사명과 복음의 책임이 있기 때문입니다(막 16:15; 행 1:8).

책임은 마치 올림픽에 출전한 선수들이 가슴에 태극기를 붙이는 것과 같습니다. 우리 성도들이 가져야 할 책임이 바로 그것입니다. 저와 여러분은 하나님 나라의 대표 선수들입니다. 그러므로 성도는 모두 하나님 나라의 대표 선수로서의 책임이 있습니다. 우리에게 만약 그 책임을 떼어낸다면 오직 나의 이익과 체면을 위해서 살게 될 것입니다. 그렇지만 저와 여러분은 성도의 이름을 가지고 살아가는 거룩한 백성임을 결코 잊어서는 안 됩니다(벧전 2:9).

주님께서는 우리가 이 땅의 빛과 소금으로 살아야 한다고 말씀하셨습니다(마 5:13-16). 다시 말하면 빛의 책임을 다하며 살고, 소금의 책임을 다하며 살라고 명령하신 것입니다. 어떻게 이웃과의 관계에서 책임을 가진 사람이 될 수 있을까요?

먼저, 우리는 언제나 예수님을 깊이 생각해야 합니다. 히브리서 3장 1절에 "그러므로 함께 하늘의 부르심을 받은 거룩한 형제들아 우리가 믿는 도리의 사도이시며 대제사장이신 예수를 깊이 생각하라"고 말씀했습니다. 형제와 이웃을 대할 때 책임 있는 사람이 되기 위해서는 나를 위해 이 땅에 오시고 사람의 몸을 입고 오셔서 수난의 삶을 사시다가 고난당하시고 십자가에 못 박혀 죽으신 예수님을 깊이 생각해야 합니다.

성도는 또한 하나님의 뜻을 생각해야 합니다. 로마서 12장 2절에 "너희는 이 세대를 본받지 말고 오직 마음을 새롭게 함으로 변화를 받아 하나님의 선하시고 기뻐하시고 온전하신 뜻이 무엇인지 분별하도록 하라"고 했습니다. 우리는 이 세대를 따라가서도 안 되고, 이 세상의 가치와 기준을 따라가서도 안 됩니다. 우리의 마음을 새롭게 해서 하나님의 뜻을 붙잡아야 합니다. 그래서 형제와 이웃을 대할 때는 예수님을 깊이 생각하면서 예수님이 온전히 자신을 내어놓으신 섬김의 리더십을 우리에게 보이셨던 것처럼, 우리들도 형제와 이웃을 종의 모습으로 섬겨야 합니다(요 13:14). 언제나 예수를 깊이 생각하면서 하나님의 뜻이 무엇인가를 살피는 성도가 되어야 합니다.

그뿐만 아니라 성도는 성령 하나님의 인도하심을 받아야 합니다. 에베소서 5장 18절에 "술 취하지 말라 이는 방탕한 것이니 오직 성령으로 충만함을 받으라"고 권면했습니다. 우리가 형제와 이웃을 대할 때 가져야 할 기준은 내가 가진 교양의 정도가 아닙니다. 내가 가진 신앙의 정도도 아닙니다. 형제와 이웃을 대할 때는 그 기준이 달라야 합니다. 어떻게 달라야 합니까? 예수님을 깊이 생각하고, 하나님의 뜻을 생각하며, 성령의 인도하심을 따라 형제와 이웃을 바라볼 때 진정한 형제와 이웃을 향한 성도의 책임을 다하게 됩니다. 성도가 갖는 하나님에 대한 책임은 믿음입니다(히 11:6). 성도가 갖는 사람에 대한 책임 또한 믿음입니다.

성도는 스스로 감당해야 할 책임을 믿음으로 감당해야 합니다. 주님께서 빛과 소금으로 살라고 하셨는데, 빛의 책임을 어떻게 감당하며 소금의 책임을 어떻게 감당해야 합니까? 우리는 전적으로 타락했으며, 전적으로 부패하고, 전적으로 무능한 자들입니다. 아무것도 할 수 없습니다. 그러나 주님께서 내 안에 믿음을 허락해 주시고, 예수의 영을 허락하시고, 진리의 영을 허락하시며, 성령으로 충만한 삶을 허락해 주셔서 우리가 빛의 사명을 감당하고 소금의 사명을 감당하며 살아갈 수 있도록 해주신 것입니다. 그러므로 우리에게 주어진 성도로서의 책임과 하나님 나라의 대표 선수로서의 책임을 우리는 믿음으로 잘 감당해야 합니다(롬 14:23).

책임을 다하는 사람은 다른 사람에게 공감을 얻습니다. 무책임한 사람은 공감을 얻지 못합니다. 자기 위주의 사람, 자기밖에 모르는 사람은 다른 이의 공감을 얻지 못합니다. 만약 그 사람이 권세가 있고 힘이 있다면, 그 권세와 힘 때문에 누구도 말을 못할 수 있지만, 결코 공감은 얻지 못할 것입니다. 어떤 사람이 공감을 얻을까요? 책임을 다하는 사람이 공감을 얻습니다. 성도는 믿음으로 책임을 다할 때 공감을 얻게 됩니다. 그래서 성도는 마침내 복음의 책임을 감당할 수 있게 됩니다.

우리가 어떤 책임을 져야 할까요? 수만 가지가 있겠지만 한 가지만 말씀드리면, 주님이 교회에 주신 사명이자 최고의 목표인 복음의 책임입니다(마 28:19-20). 우리 모두는 복음 전파를 위해서 지음받고 구원받은 성도이기 때문입니다. 그러므로 하나님께서 주신 복음의 사명을 감당하는 것만이 성도가 책임을 다하는 것입니다(딤후 4:1-2).

우리 자신을 돌아봐야 합니다. '나는 복음의 책임을 다하고 있는가?' 즉 성도로서의 책임을 다하면서 내 이웃과 형제에 대하여 공감하는 사람이 되어 있는지 돌아봐야 합니다. 목소리가 크다고 다 되는 것이 아닙니다. 힘 있는 자리에 있다고 다 되는 것도 아닙니다. 돈 많은 자리에 있다고 다 되는 것도 아니고, 건강하다고 다 되는 것도 아닙니다. 많이 배웠다고 다 되는 것이 아닙니다. 성도의 존경은 믿음에서 나오는 것입니다.

그래서 예수님을 깊이 생각하고, 하나님의 뜻을 구하며, 성령으로 충만할 때 비로소 우리가 성도로서의 책임을 감당하게 됩니다.

하나님께서 사람을 구원하시기 위해 선택하신 방법으로, 우리가 복음을 효과적으로 표현하는 것이 있습니다. 예수님을 믿는 내가 복음을 효과적으로 드러낼 수 있어야 합니다.

그럼 어떻게 해야 복음을 효과적으로 전달할 수 있을까요? 내 믿음이 전도를 가능하게 합니다(고전 1:21). 내가 어떤 믿음을 가지고 있는지, 내 믿음을 살펴야 합니다. 내가 예수님을 믿기 전에 어떤 삶을 살았고, 내가 어떻게 예수님을 알게 되었고, 어떻게 예수님을 믿게 되었고, 그 예수님이 내 인생을 어떻게 바꾸었는가를 말할 수 있어야 합니다.

정말 당황스러웠던 적이 있었습니다. 어느 지역의 유력한 분과 식사를 하는 자리였는데 그분은 안수집사님이었습니다. 평소에 칭찬을 많이 듣던 분이었는데 식사를 대접한다고 해서 식당에 갔습니다. 거기서 그분의 친구를 마주쳤는데 그 안수집사님이 목사님들이라고 소개를 하자, 대뜸 하는 말이 "자네 교회 다녔는가?"였습니다. 안수집사님한테 교회 다녔냐고 물어본 것입니다. "자네 교회 다녔는가?"라는 말은 그동안 성도로서 공감을 얻지 못하고, 책임 있는 믿음의 모습을 보이지 못했다는 사실을 보여준 것입니다.

'진실한 나의 영적인 삶에 내가 책임을 다했느냐'하는 문제는 전도를 결정하는 가장 중요한 요소입니다. 내 말에 대한 신뢰가 내 형제와 이웃에게 전달되어야 전도가 가능해집니다(마 5:16). 우리가 잊지 말아야 할 것은 우리 삶이 조금이라도 그들보다 더 나을 때 우리가 전하는 말을 들으려고 한다는 것입니다. 우리가 전하는 복음이 신뢰를 갖기 위해서는 먼저 우리가 성숙한 공감력을 가지고 책임 있는 그리스도인의 삶을 살아야 합니다. 내가 복음에 합당한 삶을 살지 못하는 한 복음 전도자가 될 수 없기 때문입니다(빌 1:27).

삶으로 보여주지 않는 성도는 복음의 열매를 기대할 수 없습니다. 하나님께서 복음의 책임을 맡겨서 이 땅에 교회를 세우시고 우리를 부르셨는데 그 복음의 책임을 감당할 수 없다면, 우리를 구원하신 하나님의 뜻에 합당치 않게 살아가고 있는 것입니다.

그뿐만 아니라 전도는 내가 가진 믿음의 확신에서 나옵니다(고전 9:16). 우리는 내가 경험하고 가장 확실하게 하는 일에 대해서 열정을 갖습니다. 이것은 감출 수 없고, 결코 숨기지 못합니다. 선교사님들이 선교 현장에 가려고 하는 이유는 바로 복음에 대한 확신과 그 확신이 주는 열정이 있기 때문입니다(고전 9:23).

그러므로 확신을 갖는다는 것은 너무 중요합니다. 내가 받은 구원의 확신뿐만 아니라 예수 그리스도를 믿음으로 구원받아 천국 간다는 확신이 있다면, 아직도 예수님을 믿지 않아 지옥 백성 가운데 있는 형제와 이웃들에게 예수님의 복음을 전하지 않고는 견딜 수가 없을 것입니다(고전 9:16).

간혹 TV를 보면 홈쇼핑처럼 재미있는 것이 없어 보입니다. 얼마나 영향력이 있냐면, 홈쇼핑을 보다 보면 제품을 신청하기 위해 어느새 전화기를 들었다 놨다 합니다. 홈쇼핑을 보면서 신뢰를 갖게 되는 이유는 쇼호스트 때문입니다. 자기들이 직접 체험하고 경험하고 그 물건에 대해서 확신을 가진 사람이 "이래도 안 사실 겁니까?" 하고 TV 속에서 튀어나올 것 같습니다. "이래도 안 살래요?" 하면 깜짝 놀라 전화기를 들고 누르게 됩니다. 무엇 때문에 그렇습니까? 쇼호스트는 자기가 팔아야 할 물건에 대한 확신이 있어서 우리들에게 그 확신을 보여주는 것입니다. 그리고 그 물건에 대한 책임을 느끼게 해줍니다.

하물며 예수 그리스도의 복음을 증거하면서 내가 가진 예수 그리스도의 복음에 대한 그 정도의 확신과 열정도 없이 어떻게 전도가 가능하겠습니까? (롬 1:16) 분명히 알고 확신이 있다면 우리는 행동할 수 있습니다. 제가 면허증을 취득해 초보로 운전할 때는 핸들을 얼마나 강하게 쥐고 있었는지 모릅니다. 핸들을 쥐면

늘 온몸에 힘이 다 들어갔습니다. 죽으면 죽었지 핸들을 놓지 않겠다며 핸들을 꽉 붙잡고 눈은 앞만 보면서 사이드미러(side mirror)가 어디 있는지도 모르고 운전을 했습니다.

그러다 신호에 걸려서 신호등 앞에 서 있을 때도, 핸들이 손에서 떨어지지 않아 눈앞에 있는 빨간 불만 보았습니다. 그런데 앞에서 택시 기사가 택시 문을 열고 나오면서 걸레를 털더니 사이드미러를 닦고 앞문을 닫으며 차 유리를 닦기 시작하는 것입니다. 나는 핸들만 세게 붙잡고 있는데, 그 택시 기사가 차를 닦으면서 한 바퀴를 돌더니 차에 다시 타니까 신호가 바뀌어서 차를 몰고 가는 모습을 본 적이 있습니다.

저는 지금도 신호 변경 구조를 이해하지 못합니다. 물론 이제는 신호등이 한 번 점멸될 때 어느 정도 시간이 걸린다는 것은 대략 압니다. 그런데 저는 아직도 그때 봤던 택시 기사처럼 시간 계산을 잘하지 못합니다. 간혹 운전하다 졸릴 때, 아내와 운전을 교대하기 위해서 차에서 내릴 때가 있는데 서둘러 뛰어가서 조수석으로 갑니다. 물론 한참 신호 변경을 기다렸다 출발을 하는데도, 저는 그 시스템을 잘 모릅니다. 확신이 없는 것이지요. 반면 확신 있는 택시 기사는 여유 있게 차를 한 바퀴 돌면서 닦고 갔던 것입니다.

그렇다면 우리에게 있는 복음의 확신은 과연 어느 정도입니까? 저처럼 신호등이 언제 바뀔 줄 몰라서 손에 쥐가 나도록 핸들을 붙들고 있고, 눈을 깜빡이지도 못하고 신호등만 쳐다보던 그 모습입니까? 아니면 '이 신호는 2-3분이 걸리니까, 아직 시간이 충분해'라고 확신하면서 차를 한 바퀴 돌면서 닦던 그 택시 기사와 같은 수준입니까? 저는 예수 그리스도의 복음에 대해서 우리가 이 정도는 확신을 가져야 한다고 생각합니다. 내가 받은 구원에 대해서 이 정도 의심하지 않는 확신의 수준은 되어야 합니다(요일 5:13). 이것이 바로 예수 그리스도의 복음을 전하는 자의 책임지는 모습이자, 책임 있는 복음 전도의 기반이 된다고 확신합니다.

교회에는 다양한 사람들이 있습니다. 그리고 그 다양한 사람들은 다 다양한 그릇들입니다. 내 그릇은 과연 어떤 그릇입니까? 그리고 나는 그 그릇답게 쓰임받고 있습니까? 각자에게 주어진 책임의 분량이 있습니다. 모두가 소중합니다. 참제자는 하나님의 거룩하심을 반영하는 삶의 모습이 드러나야 합니다(마 20:26-27). 성도는 거짓 교훈과 사악한 세상에서 하나님을 섬겨야 할 책임이 있는 사람입니다.

금 그릇이냐? 은 그릇이냐? 나무 그릇이냐? 질그릇이냐? 이것도 물론 중요합니다. 그런데 정말 중요한 문제는 '그 그릇이 얼마나 깨끗하냐?' 하는 것입니다. 깨끗해야 그릇으로 쓰임받을 수 있습니다(딤후 2:20-21). 깨끗하고 거룩한 그릇이 되어서 하나님께서 나에게 주신 영혼 구원의 사명과 전도의 책임을 다하시기를 주님의 이름으로 축원합니다.

책임이라는 단어를 떠올릴 때 하나님에 대한 책임을 다하면서 하나님을 경외하고, 하나님의 말씀을 듣고 지켜 행하면서 이웃에 대한 책임을 다하며 영혼 구원의 사명을 잘 감당하시길 바랍니다.

선행(착한 행실) Good deed

마태복음 5:13-16

"너희는 세상의 소금이니 소금이 만일 그 맛을 잃으면 무엇으로 짜게 하리요 후에는 아무 쓸 데 없어 다만 밖에 버려져 사람에게 밟힐 뿐이니라 너희는 세상의 빛이라 산 위에 있는 동네가 숨겨지지 못할 것이요 사람이 등불을 켜서 말 아래에 두지 아니하고 등경 위에 두나니 이러므로 집 안 모든 사람에게 비치느니라 이같이 너희 빛이 사람 앞에 비치게 하여 그들로 너희 착한 행실을 보고 하늘에 계신 너희 아버지께 영광을 돌리게 하라."

'착함'을 주제로 이야기해 보고자 합니다. '선행'이라고도 합니다. 그런데 우리 주님께서 "너희 착한 행실"(마 5:16)이라 말씀하셨기 때문에 이번 키워드는 '선행'(착한 행실, Good deed)으로 정했습니다. '행실'은 '일상생활에서 실제로 드러나는 행동 혹은 몸가짐'을 말합니다. "저 사람은 행실이 참 안 좋아." 혹은 "행실이 참 바르네"와 같은 말을 합니다. 주님께서 그 앞에 '착한'이란 말을 붙이셨습니다. 누구에게 주신 말씀입니까? 제자들에게 그리고 성도들에게 주신 말씀입니다. 확정적으로 성도들은 그렇게 살 사람이라고 주님께서 말씀하신 것입니다. 한편으로 제자들에게 주신 말씀은 오늘 우리에게 주신 말씀이기도 합니다. 이런 점에서 성도는 결과적으로 삶과 생활이 착하게 드러나야 한다고 주님이 명령하신 것입니다.

이것은 주님께서 매우 직접적으로 하신 말씀입니다. "착한 행실로 너희들의 삶을 드러내라." 예수님께서는 성도를 가리켜 "세상의 소금"과 "세상의 빛"이라고 말씀하셨습니다. 소금이나 빛의 공통점이 있는데 그것은 바로 '영향력'입니다. 소금은 소금으로서의 영향력이 있고, 빛은 빛으로서의 영향력이 있습니다. 둘 다 매우 강력한 영향력입니다. 빛의 영향력은 밝게 드러나도록 비추게 만드는 것입니다. 예배당 안에 불을 꺼버리면 캄캄해집니다. 하지만 빛이 있으면 다 환히 드러납니다.

특별히 저는 강대상 위에서 평소보다 몇 배 더 강한 조명(빛)을 받습니다. 더 잘 드러나게 하기 위해서입니다. 이것이 바로 빛의 효과입니다. 그래서 주님께서는 우리를 가리켜 '세상의 빛'이라고 하셨습니다. 마태복음 5장 14절에 "너희는 세상의 빛이라 산 위에 있는 동네가 숨겨지지 못할 것이요"라고 말씀했는데 참 중요한 표현입니다. 성도는 빛이 될 사람이 아닙니다. 미래형이 아니라는 것입니다. 빛이 될 사람이 아니라, 이미 빛이 되었다는 것입니다. 이미 빛이 되었기 때문에 천국 백성이 세상의 빛이 되는 것은 매우 자연스러운 일입니다. 오히려 빛이 빛답지 못해서 빛의 기능을 다하지 못하면, 새로운 피조물로서의 본성에 어긋나는 것입니다.

우리는 새로운 피조물로의 본성을 가진 자가 되었습니다(고후 5:17). 믿으십니까? 전혀 다른 사람이 되었습니다. 이전과 똑같이 옷 입고, 똑같이 밥 먹고, 똑같이 살아가고 있는 것 같지만 내 안에 예수님을 모신 이후의 삶은 본성이 달라집니다. 이후로 우리의 본성은 완전히 뒤집어지고 엎어져서 전혀 다른 사람이 되었습니다. 어떻게 말입니까? 빛이 된 것입니다. 그러므로 많은 사람들에게 비추는 빛이 되어야 합니다.

"사람이 등불을 켜서 말 아래에 두지 아니하고 등경 위에 두나니 이러므로 집 안 모든 사람에게 비치느니라"(마 5:15).

이 말씀은 마가복음 4장 21절과 누가복음 8장 16절에도 기록되어 있습니다. 예수님의 생애를 기록한 사복음서 중에서 마태복음, 마가복음, 누가복음을 공관복음이라고 하는데, 이 세 권의 성경에 다 기록된 말씀입니다. '말 아래 두지 않는다'라는 말이 무슨 뜻입니까? '말'은 곡식의 양을 재는 나무 그릇입니다. '등경'은 등불 받침대를 가리킵니다. 말은 그릇이기에 등불을 그 그릇 아래 두면 빛을 차단하게 되지만, 등경은 말 그대로 등불 받침대이기에 등불을 그 등불 받침대 위에 두어서 빛을 멀리 비치게 하는 용도로 사용됩니다.

무슨 이야기일까요? 성도는 모든 사람 앞에서 자신의 행실과 언어를 통해 예수님을 전하는 사람이 되어야 한다는 것입니다(엡 5:8). 아주 중요한 말입니다. 예수님을 믿는 성도들이 행해야 할 행실은 그냥 내가 타고난 대로 사는 행실이 되어서는 안 됩니다. 착한 행실이 필요합니다. 우리는 착한 행실로 살아야 합니다.

> "이같이 너희 빛이 사람 앞에 비치게 하여 그들로 너희 착한 행실을 보고 하늘에 계신 너희 아버지께 영광을 돌리게 하라"(마 5:16).

물론 성도들이 빛을 타고나는 것은 아닙니다. 성도들이 가진 빛은 '반사되는 빛'입니다. 그래서 빌립보서 2장 13-15절은 이렇게 말씀합니다.

"너희 안에서 행하시는 이는 하나님이시니 자기의 기쁘신 뜻을 위하여 너희에게 소원을 두고 행하게 하시나니 모든 일을 원망과 시비가 없이 하라 이는 너희가 흠이 없고 순전하여 어그러지고 거스르는 세대 가운데서 하나님의 흠 없는 자녀로 세상에서 그들 가운데 빛들로 나타내며."

'너희 안에 행하시는 이는 하나님'이라고 말씀합니다. 그리고 너희가 흠이 없고 순전해야 할 이유는 이 세대가 어그러지고 거스르는 세대가 되었기 때문임을 밝힙니다. 조금 쉽게 표현하면 캄캄하고 어두운 시대가 되었다는 것입니다. 그러므로 그런 세대 가운데서 하나님의 흠 없는 자녀로 세상에서 그들 가운데 빛들로 나타나야 합니다. 예수님께서는 "너희는 세상의 빛이라"고 하셨는데 이 빛은 저와 여러분을 말씀하는 것입니다. "김 목사야. 네가 소금이다. 네가 빛이다." 이런 의미입니다.

주님께서 너희는 세상의 빛이라 했습니다. 이 말씀

이 바로 오늘 우리에게 주시는 말씀입니다. 이처럼 성도가 보여주어야 할 것은 '착한 행실'입니다. 성도에게 착한 행실은 '반드시 그렇게 살아야 할 삶의 내용'입니다. 성도는 하나님의 마음과 뜻을 나타내는 모든 의로운 일을 행해야 합니다. 그리고 사람들이 나를 통해, 우리를 통해, 교회를 통해, 이 빛을 보도록 해야 합니다(엡 2:10).

사실 주님이 말씀하신 그때와 초대교회 때에 세상의 빛으로 산다는 것은 굉장히 어려운 일이었습니다. 그래서 주님께서는 성도가 소금으로 살고 빛을 비추며 사는 일 때문에 박해와 핍박이 올 수도 있고 어려움과 고난이 올 수도 있다고 말씀하셨습니다. 마태복음 5장 10-12절에 "의를 위하여 박해를 받은 자는 복이 있나니 천국이 그들의 것임이라 나로 말미암아 너희를 욕하고 박해하고 거짓으로 너희를 거슬러 모든 악한 말을 할 때에는 너희에게 복이 있나니 기뻐하고 즐거워하라 하늘에서 너희의 상이 큼이라 너희 전에 있던 선지자들도 이같이 박해하였느니라"고 말씀했습니다.

그런데 그렇다 할지라도 빛을 감추지 말고 빛을 비추는 성도가 되라고 하셨습니다.

여기에 쓰인 '파라볼라노이'라고 하는 단어는 '위험을 무릅쓴 사람들'이라는 뜻입니다. 위험한 줄 알면서도 기꺼이 그 일을 감당한다는 뜻입니다. 주후 3세기경 예수님을 믿는 성도들은 세상 사람들로부터 "당신들은 위험을 무릅쓴 사람들입니다"라는 말을 들었습니다. "위험한 줄 알면서도 기꺼이 그 위험한 일을 감당한 사람들입니다"라는 말을 들었다는 의미입니다.

안디옥교회의 성도들이 그리스도인이라는 말을 들었던 것처럼(행 11:26), 3세기경의 성도들은 '파라볼라노이'라는 말을 들었고 세상에 믿음의 영향력을 끼쳤습니다. 당시 초대교회의 성도들에게 예수님을 믿는 것은 너무 무섭고 힘든 일이었습니다. 생명을 담보해야 하는 일이었습니다(눅 14:26).

예수님께서 승천하신 이후에 사도행전의 역사가 일어났는데 그 과정에 우리가 잘 알고 있는 로마의 네로 황제(Nero, AD 54-68)가 있었습니다. 네로 황제나 도미티

아누스 황제(Domitianus, AD 51-96)는 기독교 성도들을 무섭게 핍박했던 사람들입니다.

그런데 그 황제들뿐만 아니라 계속해서 기독교를 핍박한 황제들이 로마에는 즐비했습니다. 왜 그런가 하면 로마는 정복국가였고 제국이라 불렸는데 정복국가가 취하는 기본적인 태도가 통일성이기 때문입니다. 정복하는 나라를 굴복시키려면 통일성을 얻어야 하는데 가장 쉬운 방법이 종교적 통일성을 취하는 것입니다. 그래서 로마는 황제를 신격화해서 황제만을 섬기도록 했습니다.

그런데 예수님을 믿는 성도는 그렇게 할 수 없었습니다. 예수님을 믿는 성도는 오직 누구만 섬깁니까? 유일하신 하나님만 섬깁니다(출 20:3). '유일'하신 하나님이라는 말은 '이 세상에는 오직 하나님 한 분밖에 신은 없다. 다른 신은 없다. 다 가짜다. 만든 것이다. 우상이다'라는 것입니다. 그러니까 로마 제국과 황제에게 있어서 기독교인들이 가장 골치 아픈 대상이었습니다. 이에 예수님을 믿는 성도들을 잡아서 가두고 때리고 심지어 죽였습니다. 그것도 잔인하게 죽였습니다.

그처럼 핍박이 계속되었고 로마의 황제들은 기독교에 누명도 씌웠습니다. 대체적으로 학자들의 견해에 의하면 로마 시내에 불을 질러 대화재 사건(AD 64년 7월 19일)을 일으킨 장본인은 네로 황제였고, 그가 미쳐서 불을 질러놓고 그것을 기독교인들에게 누명을 씌워 로마 제국이 대대적인 핍박을 시작했다고 합니다. 발생하는 여러 사건에 기독교인들을 핍박하도록 이유를 댔습니다. 반란이 일어난다거나, 지진이 생긴다거나, 질병이 생긴다거나, 흉년이 온다거나 하면 그리스도인에 대한 막연한 증오감을 촉발시켜서 사람들이 기독교를 핍박하게 만들었습니다.

이처럼 초대교회 성도들은 예수님을 믿기 어려운 것이 아니라 불가능한 시대에 예수님을 믿었습니다(요 16:33). 그러니까 로마의 카타콤과 같은 지하에서 숨어 지냈고, 튀르키예(터키)의 갑바도기아와 같은 굴 속에 숨어 철저하게 세상과 단절되고 떨어져서 외롭게 생활해야 했습니다.

그런데 주후 250년경 데시우스(Decius, AD 201-251)라는 황제가 있었습니다. 이 사람은 참으로 교묘했습니다. 로마의 황제만 유일한 신이라고 계속 주장을 하면서 당시 기독교를 핍박하기 위해 이교도들을 이용합니다. 그래서 이교도들의 제사를 지내고 제사를 지낸 증명서를 다 갖게 만들었습니다. 그리고 만약 제사 지낸 증명서가 없으면 잡아다가 때리고 죽였습니다. 그런데 예수님을 믿는 성도들은 이교도들의 제사에 참여할 수 없지 않습니까? 그러니까 교묘하게 이교도들을 통해서 기독교를 협박했던 것입니다.

그런 상황에 홍역까지 퍼지게 되었습니다. 물론 지금 시대에 홍역은 아무것도 아닙니다. 그런데 제가 어렸을 때는 주민등록 호적신고가 1-2년 정도 늦은 사람들이 더러 있었습니다. 왜냐하면 아이를 낳아도 그 아이가 내년까지 살지, 내후년까지 살지 몰랐기 때문입니다. 한국에서 홍역을 비롯한 여러 질병이 무서운 존재였던 것이 불과 50-60년 전이었습니다. 그러니 지금부터 1,700-1,800년 전에는 홍역이 죽음의 병이었습니다.

특히 홍역이 무서운 이유는 전염병이었기 때문입니다. 한번 전염병이 돌면 그 가정은 물론이고 그 지역이 전부 위험에 처하고 사람이 죽는 일이 생겼습니다. 그래서 홍역이 퍼지니까 수많은 사람들이 죽었고, 죽음의 두려움 때문에 서로를 불신하고 가족들끼리도 외면하며 홍역에 걸린 사람들을 버리고 방치해 버렸습니다. 누구도 돌보지 않았습니다. 그때에 이교도들이 취한 행동은 아픈 사람들을 내쫓아버리고 죽기도 전에 다 버린 것이었습니다.

그런데 그 위기 속에서 성도들은 다르게 행동을 했습니다. 버림받은 사람들을 돕고, 죽어가는 사람들에게 먹을 것을 주고 덮을 것을 주며 쉴 자리를 제공해 주었습니다.

예수님을 믿는 성도된 자신들을 핍박했던 사람들인데 성도들은 자기를 핍박했던 이들을 오히려 도와주었던 것입니다(마 5:44). 전염병 때문에 어려움을 만난 사람들에게 죽음의 위협에도 불구하고 자기희생적인 형제 사랑을 실천했습니다. 그런 성도들을 향하여 '파라볼라노이', 즉 '위험을 무릅쓴 사람들'이라고 불렀습니다. 얼마나 명예로운 호칭입니까? "당신들은 위험을 무릅쓰고 어려운 형제와 이웃을 도와준 사람들입니다"라는 의미입니다. 이것이 기독교인의 다른 말이었습니다. 그 뒤에 이교도들이 변화되는 놀라운 반전이 일어났습니다. 예수님을 믿는 성도의 신앙을 따라서 자신들의 종교를 기독교로 바꾸고 개종했습니다.

물론 그 후로도 기독교에 대한 핍박은 계속되었습니다. 그렇지만 주후 313년에 로마의 콘스탄티누스 황제(Constantinus, AD 275-337)가 '밀라노 칙령'을 반포하게 됩니다. 그 내용은 '신앙의 자유를 인정한다' 였습니다. 그전까지는 로마 황제 외에 다른 신을 섬기는 자들은 다 잡아 가두고 때리고 죽였는데 이제는 신앙의 자유를 인정한 것입니다. 그리고 기독교에 대해서 사법권과 재산권을 우대해주는 정책이 나왔습니다. 그리고 기독교를 가장 핍박하던 로마가 마침내 기독교를 국교로 반포하기에 이르게 되었습니다(AD 392).

이와 같이 성도들의 착한 행실이 살벌한 로마 제국

마저도 복음으로 무너뜨리게 된 줄 믿습니다. 물론 이것은 하나님의 역사입니다. 하나님의 은혜이고 인류의 역사를 조망하시는 하나님의 강권적인 역사이지만, 성도들의 착한 행실이 그 도구로 쓰여진 것입니다. 그렇다면 우리는 과연 어떤 빛을 비추고 있습니까? 사람들이 우리들의 빛을 통해 우리들의 착한 행실을 보고 있을까요?

얼마 전에 착한 행실을 하는 사람에 대한 이야기를 인터넷에서 접한 적이 있습니다. 최근 '돈쭐 낸다'라는 기사를 보았습니다. '돈쭐 낸다'는 말은 돈으로 혼쭐낸단 말입니다. 기사는 어떤 아버지의 이야기입니다. 7살 딸을 두고 아내는 일찍 죽었습니다. 혼자 아이를 가난하게 키웠습니다. 정부가 주는 보조금으로 힘겹게 생활하는 가정이었습니다. 딸이 7살 생일을 맞아 피자를 먹고 싶어 했지만 돈이 없어서 고민하던 아버지는 어느 피자 가게에 이렇게 문자를 보냈습니다.

'제 딸이 오늘 7살 생일인데 피자를 먹고 싶어 하지만 피자 사줄 돈이 없습니다. 정부 보조금이 나오면 피

자 값을 드리겠습니다.'

이렇게 외상으로 피자를 주문한 것입니다. 사실 그 아버지는 주문이 아니라, 그냥 하소연한 것이었습니다.

그런데 그 피자 가게 주인이 하루에 주문이 2-3건밖에 안 들어오는 어려움이 있었음에도 피자 판에 이런 메모와 함께 배달을 해주었습니다. '또 따님이 피자를 먹고 싶다고 하면 언제든지 연락 주세요.' 그걸 보고 고마워한 아버지가 이 사연을 인터넷에 올렸고 전국으로 퍼졌습니다. 이 소식을 들은 전국 각지의 사람들이 "야, 이 선한 피자 가게 주인에게 우리가 돈쭐을 좀 내주자" 하면서 서울, 대전, 광주, 대구, 부산, 제주도까지 전국에서 주문이 왔습니다. 주문을 한 사람들은 '피자는 필요 없고 돈을 보낼 테니, 당신이 피자 값을 받은 것으로 좋은 곳에 쓰세요'라고 보냈습니다.

제가 이 사연을 담은 동영상을 봤는데 이제는 주문이 너무 많이 들어와서 동생부터 친구까지 도와서 피자를 정신없이 만들고 있었습니다. 주문 양을 채우지를 못할 정도로 엄청나게 돈쭐이 난 것입니다.

이 사연을 접하고 이런 생각이 들었습니다. '이 사람이 예수님 믿는 사람이면 얼마나 좋을까?' 제가 확인은 못했지만, 정말 그분이 예수님을 믿는 분이라면 너무 좋을 것 같습니다.

사랑하는 여러분! 모두가 어렵고 힘든 때를 지나고 있습니다. 어렵지 않은 사람이 없습니다. 그렇지만 우리 주님은 "이같이 너희 빛이 사람 앞에 비치게 하여 그들로 너희 착한 행실을 보고 하늘에 계신 너희 아버지께 영광을 돌리게 하라"(마 5:16)고 말씀하셨습니다. 이는 말뿐만 아니라 행동도 포함됩니다. 소금의 역할이 부패를 늦추는 소극적인 면이 있다면, 빛의 역할은 이 세상과 구별되도록 비추는 적극적인 면이 있습니다. 주님께서 우리들에게 소금으로서의 사명도 말씀하셨지만, 빛으로서의 사명도 강력하게 말씀하셨습니다. 빛은 어두워진 이 세상과 구별되는 매우 적극적인 것입니다.

"너희가 전에는 어둠이더니 이제는 주 안에서 빛이라

빛의 자녀들처럼 행하라 빛의 열매는 모든 착함과 의
로움과 진실함에 있느니라"(엡 5:8-9).

예수님을 믿는 성도는 이 세상의 빛입니다. 우리는 스스로 빛을 발하는 발광체는 아니지만 빛의 자녀가 되었습니다. 그러므로 우리는 착한 행실을 통해 우리의 빛을 드러내야 합니다(벧전 2:12).

모두가 어렵고 힘든 때를 지나고 있습니다. 하지만 교회의 시간은 흐르고 언젠가 교회의 시간이 또 오게 될 것입니다. 교회에 의미 없는 시간은 없습니다. 예수님을 믿는 성도에게 의미 없는 시간은 결코 없습니다. 지금 우리가 살아가는 이 시대와 형편이 예수님을 믿는 성도 된 저와 여러분에게 가장 의미 있는 한 순간임을 기억하기 바랍니다.

지금 이 순간에 우리는 무엇을 어떻게 하고 살아야 할까요? 주님은 우리를 향하여 "너희는 세상의 빛이라 착한 행실을 통해 빛 된 사명을 감당하라"고 말씀하고 계십니다. 그래서 교회와 성도는 언제나 착한 행실이 필요합니다. 캄캄한 밤에는 촛불 한 자루만 켜도 주변이 환해집니다. 빛이 어둠을 밝히기 때문입니다. 지금은 어두운 때입니다. 힘들고 어려운 때입니다. 이런 때에 교회와 성도의 착한 행실이 더더욱 요구됩니다(딛 2:14).

'나도 살기 힘든데 주변을 돌아볼 겨를이 없는데…'라고 생각을 할 수도 있습니다. 3세기의 성도들, '파라볼라노이'(위험을 무릅쓴 사람)들이 지금도 얼마나 많습니까? 불 속에 뛰어드는 소방관이나, 전염병 상황에서 가장 최전방에 수고하는 의료진들이나, 애쓰는 공무원들이나, 무엇인가 책임을 맡고 있는 사람들이나 다 마찬가지입니다. 전부 위험을 무릅쓰고 최전방에 나가 있습니다.

어렵고 힘든 시대에 하나님이 우리에게 요구하시는 것은 착한 행실입니다(고후 8:21). 실제로 우리가 사는 삶의 현장에서 형제와 이웃을 도와야 합니다. 한 번이라도 더 돌아보고 전화로라도 안부를 전하고 살펴야 합니다. 나에게 있는 것으로 기꺼이 제공해 주어야 합니다. 요즘 목회자나 선교사님들에게 어려움이 너무 많습니다. 그래서 저는 스스로 제 기준을 낮춥니다. 저에게 주어진 것을 누리지 않고 나누려고 노력합니다 (마 16:24). 그렇게 하지 않으면 내 마음이 불편하기 때문입니다. 저는 이 불편함이 바로 하나님이 내게 주신 빛 된 사명이라고 여깁니다.

우리 교회가 선교하는 지역 가운데 '필리핀 엥겔레스 영광대교회'가 있는데 그 지역에는 매우 어려운 분들이 모여 사는 '예수마을 공동체'가 있습니다. 거기 계신 선교사님은 선교지에서 나오지도 못하고 스스로 고립되어서 그곳에 살고 있습니다. 제가 가끔 전화를 합니다. "그곳 성도들에게 쌀이라도 한 봉지 나눠주지요" 또 때로는 "닭이라도 한 마리씩 갖다 주세요. 고기를 좀 구워서 나누어주면 어떨까요?" 하고 말입니다. 그때마다 교회가 할 수 있는 정도로 선교비도 보내고 도우면서 선교사역을 합니다. 왜냐하면 예수마을에 들어와서 사시는 분들은 하루벌이도 힘든 분들입니다.

심지어 그곳은 초등학교도 못 다닐 정도로 어린아이가 밖에 나가 구걸해 생활하는 어려운 사람들이 있습니다.

그런데 더욱 심각한 문제는 물입니다. 지하수를 마시기 때문에 자꾸 배탈이 난다고 합니다. 그렇지 않아도 여러 가지 위생이나 건강 상태가 안 좋은데 안타까운 마음으로 선교사님과 의논을 해서 수도를 놓자고 했고 그 일을 진행 중입니다.

어려울 때 이웃을 돌보는 것이 더 필요하고 중요합니다. 지금 이 시대는 예수님께서 말씀하신 성도의 착한 행실이 필요한 때입니다(히 13:16). 성도의 착한 행실로 로마를 무너뜨린 복음의 역사가 지금 이 시대에 21세기판 '파라볼라노이'가 되기를 주님의 이름으로 축원합니다. 그래서 교회에 등 돌린 옛 성도들을 돌아오게 하고(마 11:28), 예수님을 믿지 않는 분들에게 교회를 깊이 생각할 기회를 주어야 합니다.

지금 세상에 비춰지는 교회의 부정적인 모습은 누구의 책임도 아니고, 바로 나 자신의 책임이고, 성도

된 우리의 책임입니다(살전 5:21). 우리의 착한 행실이 더 적극적으로 훨씬 더 많이 드러나야 합니다(사 60:1; 빌 1:27). 예수님께서는 지금 힘든 시대를 사는 우리에게 이렇게 말씀하십니다.

"너희는 세상의 빛이라 산 위에 있는 동네가 숨겨지지 못할 것이요 사람이 등불을 켜서 말 아래에 두지 아니하고 등경 위에 두나니 이러므로 집 안 모든 사람에게 비치느니라"(마 5:14-15).

배려 Thoughtfulness

룻기 2:1-18

"나오미의 남편 엘리멜렉의 친족으로 유력한 자가 있으니 그의 이름은 보아스더라 모압 여인 룻이 나오미에게 이르되 원하건대 내가 밭으로 가서 내가 누구에게 은혜를 입으면 그를 따라서 이삭을 줍겠나이다 하니 나오미가 그에게 이르되 내 딸아 갈지어다 하매 룻이 가서 베는 자를 따라 밭에서 이삭을 줍는데 우연히 엘리멜렉의 친족 보아스에게 속한 밭에 이르렀더라 마침 보아스가 베들레헴에서부터 와서 베는 자들에게 이르되 여호와께서 너희와 함께 하시기를 원하노라 하니 그들이 대답하되 여호와께서 당신에게 복 주시기를 원하나이다 하니라 보아스가 베는 자들을 거느린 사환에게 이르되 이는 누구의 소녀냐 하니 베는 자를 거느린 사환이 대답하여 이르되 이는 나오미와 함께 모압 지방에서 돌아온 모압 소녀인데 그의 말이 나로 베는 자를 따라 단 사이에서 이삭을 줍게 하소서 하였고 아침부터 와서는 잠시 집에서 쉰 외에 지금까지 계속하는 중이니이다 보아스가 룻에게 이르되 내 딸아 들으라 이삭을 주우러 다른 밭으로 가지 말며 여기서 떠나지 말고 나의 소녀들과 함께 있으라 그들이 베는 밭을 보고 그들을 따르라 내가 그 소년들에게 명령하여 너를 건드리지 말라 하였느니라 목이 마르거든 그릇에 가서 소년들이 길어 온 것을 마실지니라 하는지라 룻이 엎드려 얼굴을 땅에 대고 절하며 그에게 이르되 나는 이방 여인이거늘 당신이 어찌하여 내게 은혜를 베푸시며 나를 돌보시나이까 하니 보아스가 그에게 대답하여 이르되 네 남편이 죽은 후로 네가 시어머니에게 행한 모든 것과 네 부모와 고국을 떠나 전에 알지 못하던 백성에게로 온 일이 내게 분명히 알려졌느니라 여호와께서 네가 행한 일에 보답하시기를 원하며 이스라엘의 하나님 여호와께서 그의 날개 아래에 보호를 받으러 온 네게 온전한 상 주시기를 원하노라 하는지라 룻이 이르되 내 주여 내가 당신께 은혜 입기를 원하나이다 나는 당신의 하녀 중의 하나와도 같지 못하오나 당신이 이 하녀를 위로하시고 마음을 기쁘게 하는 말씀을 하셨나이다 하니라 식사할 때에 보아스가 룻에게 이르되 이리로 와서 떡을 먹으며 네 떡 조각을 초에 찍으라 하므로 룻이 곡식 베는 자 곁에 앉으니 그가 볶은 곡식을 주매 룻이 배불리 먹고 남았더라 룻이 이삭을 주우러 일어날 때에 보아스가 자기 소년들에게 명령하여 이르되 그에게 곡식단 사이에서 줍게 하고 책망하지 말며 또 그를 위하여 곡식 다발에서 조금씩 뽑아 버려서 그에게 줍게 하고 꾸짖지 말라 하니라 룻이 밭에서 저녁까지 줍고 그 주운 것을 떠니 보리가 한 에바쯤 되는지라 그것을 가지고 성읍에 들어가서 시어머니에게 그 주운 것을 보이고 그가 배불리 먹고 남긴 것을 내어 시어머니에게 드리매."

앞에서 살펴본 현대의 중요한 키워드인 '동행'이나

'책임'이나 '착한 행실'이 예수님을 믿는 성도로서 이 시대를 살아가는 저와 여러분을 이끄는 중요한 단어가 되기를 바라고, 특별히 그런 단어들이 신앙적으로 우리들에게 어떻게 해석되고 적용되어야 할 것인가에 대한 깊은 마음을 갖기를 원합니다.

이러한 말씀은 그냥 막연하게 전하는 것이 아니고 주님께서 가르치신 말씀에 기반하고 있습니다. 요한복음 13장 34-35절을 보면 "새 계명을 너희에게 주노니 서로 사랑하라 내가 너희를 사랑한 것 같이 너희도 서로 사랑하라 너희가 서로 사랑하면 이로써 모든 사람이 너희가 내 제자인 줄 알리라"고 말씀하셨고, 마태복음 22장 39절에서도 "둘째도 그와 같으니 네 이웃을 네 자신 같이 사랑하라 하셨으니"라고 하셨습니다.

계속해서 중요한 몇 가지 단어들을 언급했는데 이 단어들을 통해서 이미 우리들에게 주어져 있는 '네 이웃을 네 몸과 같이 사랑하라' 하신 이 말씀의 의미가 우리들에게 더 깊이 되새겨지고 적용되기를 바라는 마음입니다.

이번에 살펴볼 키워드는 '배려'(Thoughtfulness)입니다. 여러분! 배려가 무엇입니까? '여러 가지로 마음을 써서 보살피고 도와준다'는 의미를 가지고 있습니다. 누군가에게 무엇을 배려받고 있다는 느낌을 갖는 것과 전혀 배려받지 못한다는 마음을 갖는 것은 굉장한 차이가 있습니다.

우리 인간은 마음이 중요합니다. 하나님은 우리 인간을 만드실 때 짐승들과는 다르게 마음을 만드셨습니다. 그래서 마음이 움직이는 게 굉장히 중요합니다. 우리의 믿음이 어디에 자리 잡습니까? 바로 우리의 마음입니다. 그리고 우리의 마음은 성령께서 역사하시는 장소이기도 합니다. 그런데 내가 배려받고 있다고 느껴지면 마음에 감동이 있습니다. 그런데 또 내가 배려받고 있지 못하다고 느끼면 굉장히 마음이 불편해집니다. 이렇듯 엄청난 차이가 있습니다. 동일한 행위에서 느끼는 이 감정선에서 배려가 주는 효과는 엄청난 차이가 있습니다.

지금 우리가 살아가는 이 시대를 상징하는 언어는 무엇입니까? 개인주의(Individualism) 혹은 이기주의

(Egoism), 나만 아니면 된다는 그런 생각들이 이 시대를 지배하고 있는 정서인데 이것은 인간 세상에 죄가 들어오면서부터 시작된 '역기능적'인 모습이 멈추지 않고 계속되는 것입니다.

룻기의 말씀은 대체적으로 구속사적인 관점에서 이야기를 전합니다. 남편을 잃어버린 여인 '룻'에게 기업을 이을 자로서 '보아스'를 허락하시고, 보아스와 룻을 통하여 예수 그리스도에게로 이어지는 영적인 계보가 룻기의 핵심입니다. 성경은 결코 일반 도서가 아닙니다. 성경은 어떤 윤리와 도덕을 말하기 위해 존재하는 게 아닙니다. 윤리와 도덕을 강하게 언급하면서도 가장 중요한 핵심은 바로 예수 그리스도를 통한 죄인의 구속입니다(눅 24:27; 고후 3:14; 롬 1:2).

룻기도 바로 그런 맥락에서 우리가 살피고 이해해야 합니다. 그래서 우리는 룻기서를 통해 나와 온 인류를 향하신 하나님의 계획과 사랑을 발견할 수가 있습니다. 여기서는 좀 특별한 주제로 이 말씀을 살피려고 합니다. '성도가 가져야 할 배려가 무엇인가?' '배려'가 우리들이 살아가는 일상생활에서 경험하는 일반적인 어떤 단어 정도라고 생각하는 것으로 끝나서는 안 됩니다.

우리는 예수 그리스도 안에서 새로운 피조물이 되었고(고후 5:17), 우리의 신분은 구원받은 백성이 되었으며(요 1:12) 천국에 갈 사람이 되었습니다. 우리는 자연인이 아닙니다. 예수님을 믿는 성도입니다(고후 1:1). 성도라는 이름을 가진 사람입니다. 그래서 성도로서 내가 어떻게 살아야 할까를 생각하는 것은 구원받은 성도로서 너무 중요합니다(엡 5:15-17). 함부로 아무렇게 살지 아니하고 하나님의 뜻대로 살아가야 하기 때문에 이러한 단어들을 대하는 우리들의 태도는 지극히 신앙적입니다. 그렇게 이해할 수 있다는 것입니다.

앞서 살핀 룻기의 말씀을 이해하는 중심 구절이 15절과 16절입니다. "룻이 이삭을 주우러 일어날 때에 보아스가 자기 소년들에게 명령하여 이르되 그에게 곡식단 사이에서 줍게 하고 책망하지 말며 또 그를 위하여 곡식 다발에서 조금씩 뽑아 버려서 그에게 줍게 하고 꾸짖지 말라 하니라." 우리가 잘 아는 대로 이 본문의 배경은 시어머니 '나오미'와 그의 며느리인 '룻'이 살던 모압 땅입니다. 모압 땅은 이방 땅입니다. 원래 잘못된 모습입니다. 하나님의 백성은 하나님 섬기는 가나안 땅에 살아야 합니다. 그래서 이 가나안 땅을 일부러 허락하신 것입니다.

그런데 어찌된 일인지 나오미 가족은 모압 땅에 살게 되었고 그곳에서 엄청난 실패를 경험합니다. 남자들이 다 죽고 이제 모두 뿔뿔이 흩어졌는데 룻은 시어머니 나오미를 포기하지 않고 끝까지 모시면서 함께 베들레헴으로 돌아옵니다. 1절에 기록된 나오미의 남편 '엘리멜렉'의 본향이 바로 베들레헴이기 때문입니다. '베들레헴'은 많이 들어본 지명일 것입니다. 베들레헴은 어떤 곳입니까? 우리 예수님이 태어난 곳입니다(미 5:2; 마 2:5). 예수님이 태어나셨던 그 중요한 장소가 오늘 본문에 등장합니다. 결국 모압 땅에 있었던 나오미가 다시 베들레헴에 돌아왔습니다.

그런데 돌아온 나오미와 룻의 형편은 굉장히 가난합니다. 이방 땅에서 살다가 남편도 잃어버리고 아무것도 가지지 못한 가난한 상태로 돌아온 것입니다. 돌아온 그때가 보리를 추수하는 시기였기에 이삭을 줍기 위해서 룻이 보아스의 밭으로 갑니다. 이렇게 이삭을 줍는 것만 보아도 그들이 경작할 토지도 없고 농사를 할 수도 없었다는 사실을 알 수 있습니다. 아무런 생활의 근거를 찾지 못한 나머지 보리를 추수할 때 땅에 떨어진 부스러기들을 주우러 갔던 것입니다.

사실 저 어렸을 때만 해도 이런 장면이 저희 동네에도 있었습니다. 쌀을 추수하거나 보리를 추수하거나 밀을 추수하거나 그럴 때면 추수가 다 끝난 다음에 부스러기라도 주워서 식량으로 먹기 위해 논밭으로 향하는 분들이 간혹 있었습니다.

그런데 이 말씀의 배경은 지금부터 약 3,100년 전입니다. 3,100년 전에는 어땠을까요? 빈부의 격차는 말할 것도 없고 가난한 사람들이 살아가는 삶은 하루 벌어서 먹고 사는 고단한 환경에 처해 있었습니다. 지금은 한 달 일해서 수고한 그 대가를 받아서 나름대로 계획적인 생활을 합니다. 하지만 3,100년 전에는 그런 경제 체계나 노동 체계가 다 이루어지지 못한 때였습니다.

더구나 여인들은 아무런 노동의 대가를 받지 못했습니다. 그래서 겨우 보리를 추수한 다음에 주울 수 있는 이삭을 찾아 나선 것입니다. 보리 이삭을 줍는 룻은 가난한 과부입니다. 잘 생각해 보십시오. 지금부터 약 3,100년 전입니다. 가난합니다. 누구도 돌봐줄 수 없는 과부입니다. 그렇다면 사람들에게 무시당하기 쉬운 형편입니다. 누구도 돌아보지 않습니다. 사람 취급을 안 해줍니다. 그런데 보아스는 그런 룻을 선대합니다.

보아스는 룻이 당황하지 않고 이삭을 주워가도록 종들에게 명령을 했습니다. 16절에 "꾸짖지 말라"고 했는데 다른 번역을 보면 "창피를 주지 말고 모욕하지 말아라", "결코 부끄러움을 느끼게 하지 말아라", "당황하지 않게 하라"는 의미입니다. 즉 이삭을 주워가는 그 부끄러운 일을 부끄럽게 여기지 않도록 배려하라는 뜻이 담겨 있습니다. 이처럼 보아스는 룻이 곡식단 사이에서 이삭을 주울 때 편안하게 이삭을 주울 수 있도록 기회를 제공해 주었습니다. 보아스는 가나안에서 다른 사람의 밭에 가서 이삭을 주울 수밖에 없는 룻의 형편을 잘 배려한 것입니다.

그리고 한 걸음 더 나아가서 곡식단을 묶을 때 이삭을 일부러 흘리게 함으로써 룻이 편하게 더 많이 가져갈 수 있도록 배려하기까지 했습니다. 17절 말씀을 보면, 룻이 주운 보리가 '한 에바'(Ephah)라는 표현이 나옵니다. '한 에바'는 약 22-23리터 정도 됩니다.

상당히 많은 양입니다. 일반적으로 이삭을 주워서 얻을 수 있는 양이 아닙니다. 굉장히 많은 양입니다. 문헌을 살펴보니까 그 정도 식량이면 전투에 나가기 위한 군사 50명 정도가 한 끼를 먹을 수 있는 양이라고 하니 상당히 많은 양입니다. 그날 저녁에 나오미와 룻은 아마 마음 편하게 풍족한 식사를 했을 것입니다. 그리고 몇 날 동안은 식량 걱정 없이 편하게 지낼 수 있었을 것입니다. 가난한 룻을 향한 보아스의 따뜻한 배려가 돋보이는 장면이 아닐 수 없습니다.

여러분! 우리들의 룻은 과연 누구이고, 그는 어떻게 지내고 있을까요? 이 시대의 보아스로 살아가는 저와 여러분의 배려가 필요하지 않을까요?

성경은 그뿐만 아니라 가난한 사람이 급하게 물질이 필요해 돈을 찾고 있을 때 어떻게 해야 하는지 가르쳐 줍니다. 신명기 24장 10-13절에 "네 이웃에게 무엇을 꾸어줄 때에 너는 그의 집에 들어가서 전당물을 취하지 말고 너는 밖에 서 있고 네게 꾸는 자가 전당물을 밖으로 가지고 나와서 네게 줄 것이며 그가 가난한 자이면 너는 그의 전당물을 가지고 자지 말고 해질 때에 그 전당물을 반드시 그에게 돌려줄 것이라 그리하면 그가 그 옷을 입고 자며 너를 위하여 축복하리니 그 일이 네 하나님 여호와 앞에서 네 공의로움이 되리라"고 권면했습니다.

이웃에게 돈을 빌려주는데 그냥 빌려주는 것이 아닙니다. 요즘은 은행에 가서 돈을 대출받으려면 어떻게 합니까? 담보물이 있어야 합니다. 그처럼 돈을 누군가에게 빌려줄 때 전당물이 필요합니다. 물건을 잡히고 돈을 주는 것입니다. 그런데 "네가 돈을 꾸어준다고 해서 함부로 그 집안에 들어가서 네 마음대로 물건을 집어오지 말아라. 밖에 서서 돈을 빌려간 사람이 어떤 물건을 주는가를 기다려라. 그리고 그 사람이 가난할진대 네가 저당 잡은 그 물건은 네가 가지고 가지 말고 해가 질 때까지 그것을 네가 가지거나 버티지 말고 해지기 전에 돌려주어라. 돈을 못 받더라도 해지기 전에 돌려주라"고 강조합니다. 왜냐하면 그가 그 옷을 입고 자야 하기 때문입니다.

중동 지역은 밤이 되면 기온이 굉장히 낮아집니다. 가난한 사람들이 덮을 옷이 없습니다. 사실 겉옷은 덮거나, 입거나, 햇빛을 막아주거나, 추위를 막아주며 다양한 용도로 사용됩니다. 그런데 그것을 빼앗기면 어떻게 되겠습니까? 그렇기 때문에 그가 그 옷을 입고 자면서 너를 위해서 축복할 것이고, 하나님께서 의로

움으로 여기시며, 하나님이 잘했다 칭찬한 일이라고 하는 것입니다.

그 후에도 계속되는 말씀을 통해서 품꾼이나 객이나 고아나 과부들과 같이 힘없는 사람들을 배려하도록 하나님께서 명령하고 있습니다.

신명기 24장 15절을 보면 "그 품삯을 당일에 주고 해 진 후까지 미루지 말라 이는 그가 가난하므로 그 품삯을 간절히 바람이라 그가 너를 여호와께 호소하지 않게 하라 그렇지 않으면 그것이 네게 죄가 될 것임이라"고 명령했습니다. 일하는 사람은 무엇 때문에 일을 합니까? 일이 좋아서 하는 사람도 있겠지만 일한 대가를 기대하고 하는 것입니다. 요즘은 돈이 내 손을 직접 거치지 않고 경제 활동을 하는 구조입니다. 그러나 과거에 제가 어렸을 때만 해도 아버지들이 보수로 한 달 월급을 받는 분도 있었지만 중간에 미리 가불(假拂)해서 받기도 했습니다. 급한 일이 생기면 월급날까지 기다리기 어려워지기도 합니다. 그래서 보름에 한 번 받기도 하고 일주일에 한 번 받기도 하고, 심하면 일당을 받기도 했습니다. 왜 그럴까요? 돈이 급히 필요하니까 그랬습니다. 그날 벌어서 그날을 살아야 했기 때문에 오늘 일한 것에 대한 일당이 없으면 집에 돌아가서도 자녀들에게 써야 할 돈이 넉넉지 않았기 때문입니다.

이런 계획들이 다 있었습니다. 그 기대치를 가지고 여기 있는 말씀처럼 그가 빈궁하므로 마음에 품삯을 사모한 것입니다. 일을 했는데 고용주나 주인이 월급을 주지 않으면 생활할 방법을 찾기 어려운데 어떻게 하겠느냐는 것입니다. 그러니 '그 품삯을 당일에 주어야 한다. 해가 진 후까지 기다리게 하지 말고 반드시 주어야 한다'는 것입니다.

신명기 24장 21절에서는 "네가 네 포도원의 포도를 딴 후에 그 남은 것을 다시 따지 말고 객과 고아와 과부를 위하여 남겨두며"라고 했습니다. 포도원을 하는 사람의 포도가 잘 익었습니다. 그리고 포도를 땄습니다. 수확 후 포도가 여전히 남아 있고 또다시 익었다고 하더라도 또 따지 말라는 것입니다. 왜 그럴까요? 이스라엘의 3대 나무와 3대 열매가 있는데 포도나무, 무화과나무, 감람나무입니다. 이 나무들이 중요한 이유는 나무 자체보다 열매 때문에 그렇습니다. 포도 열매, 무화과 열매, 감람 열매, 즉 올리브는 그 열매들이 가지고 있는 필요성 때문에 이스라엘에서 절실합니다.

특별히 이스라엘은 수질이 굉장히 안 좋은 사막 기후이기 때문에 포도 열매로 포도주를 담가 음용하였고 때로는 약으로 사용하기도 했을 정도로 중요했습니다. 그래서 꼭 필요한 포도를 주인은 얼마든지 넉넉하게 수확할 수 있지만 가난하고 힘없는 객과 고아와 과부를 위해 양보해야 한다는 것입니다. 가난하고 어려운 사람들을 배려해서 포도를 모두 수확하지 말고 남겨 두라고 명령하신 것입니다.

지금 이 시대는 주위를 돌아보고 누군가와 함께하고 누군가를 책임지고 누구에게 선한 일을 하고 누군가를 배려할 정도로 그리 수월하지 않습니다. 지금 이 시대는 나 혼자 살아가기도 버거운 시대입니다. 내가 내 자녀를 가르치고 내 생활을 하기에도 사실 버거운 시기입니다. 다른 사람을 생각할 여유가 없습니다. 한 달에 주어진 소득이 있지만 어렵습니다. 카드 결제일만 되면 걱정이 앞설 때도 있습니다. 정작 남는 것은 거의 없습니다. 이러한 아슬아슬한 상황 속에서 우리의 현실에 맞지 않는다 할지라도 여전히 우리 주변에 함께 살아가고 있는 어렵고 힘든 이웃들과 우리의 도움이 필요한 사람들이 있습니다.

우리 주님께서는 그분들에 대해서 어떻게 하고 계실까요? 가난한 자와 고아 및 과부, 어린아이, 병든 사람, 죽어가는 사람, 의지할 바 없는 사람들을 우리 주님은 다 돌아보시고 맞이해 주시며 그들을 보살펴 주셨습니다(마 11:19; 막 12:31). 그들에 대한 배려가 성도 된 저와 여러분에게 꼭 필요하다는 것입니다(약 1:27). 왜냐하면 저와 여러분은 배려에 대한 명령을 받은 하나님의 사람들이기 때문입니다.

마태복음 22장 39절에서도 "네 이웃을 네 자신 같이 사랑하라"고 하셨습니다. 주님이 신약 시대에 십계명을 재해석하시면서 율법의 완성으로 우리에게 주신 명령이 내 이웃을 내 몸과 같이 사랑하라는 것입니다. 요한복음 13장 34-35절에서도 "새 계명을 너희에게 주노니 서로 사랑하라 내가 너희를 사랑한 것 같이 너희도 서로 사랑하라 너희가 서로 사랑하면 이로써 모든 사람이 너희가 내 제자인 줄 알리라"고 주님께서 말씀하셨습니다.

사랑하는 여러분! 나밖에 모르면서 살 수밖에 없는 힘든 이 시대에 배려의 사람으로 살아가시기를 주님의 이름으로 축원합니다. 사실 지금 이 시대에도 사회적으로 여러 가지 배려의 모습이 있습니다. 이 모습을 자세히 살펴보면 한 가지 공통점이 있는데 그것은 예수 그리스도의 복음이 들어간 곳에는 언제나 배려의 문화가 형성되어 있다는 것입니다. 저급한 문화는 무엇입니까? 힘없고 연약한 자, 보잘것없는 자, 이런 사람들을 철저히 무시하는 문화입니다. 강한 자가 약한 자를 누르고 이기고 사는 세상이 가장 저급한 문화가 있는 곳입니다.

그런데 예수 그리스도의 복음이 들어가면 그 저급한 문화들이 사라집니다. 연약한 자들을 보호합니다. 연약함으로 가장 상징적인 사람이 누구입니까? 어린아이와 여자 그리고 노동력이 없고 전투력에 도움이 되지 않는 사람들입니다. 과거에는 그렇게 전투 능력이 없는 존재들에 대해서 철저히 무시하고 종속적 관계를 유지했습니다. 그런데 예수 그리스도의 복음이 들어간 곳에는 그들을 소중히 여기고 그들을 보호하고 배려하는 문화가 생겨납니다(마 25:40). 더 나아가서 동등한 인격과 지위를 갖고 함께 살아갈 수 있는 여건이 조성됩니다.

과거에는 여자가 일을 못했습니다. 생산 능력이 없었습니다. 다 남자가 사냥하고 전쟁하고 농사하는 일을 했습니다. 그런데 시대가 변화되어 산업 구조가 바뀌었습니다. 지금은 어떻습니까? 여성도 얼마든지 남성과 동등하게, 때로는 더 잘 일할 수 있는 시대가 되었습니다. 이처럼 고급문화 시대가 되었습니다. 이것은 예수 그리스도의 복음이 들어가는 곳마다 그 길이 활짝 열리게 되었기 때문입니다.

지금 아프가니스탄에 탈레반(Taleban)이 다시 정권을 장악함으로써 위협과 두려움에 처할 이들이 누구입니까? 여성과 어린아이들입니다. 저급해진 것입니다. 그들의 인권은 철저히 무시당하고 있으며 무엇보다 기독교인들을 잡아 죽이는 종교탄압까지 발생하고 있습니다. 그곳을 향해 우리가 기도해야 합니다.

복음이 들어가면 약자에 대한 배려가 사회적으로 점점 정착하고 문화로 자리 잡습니다. 지금도 얼마든지 볼 수 있는 장면들입니다. 우리가 주차장에 들어가면 함부로 주차하지 않고 놔두는 공간이 있습니다. 파란색으로 색칠한 장애인 전용 주차 공간입니다. 또 핑크색으로 색칠한 공간은 임산부들을 위한 공간이기도 합니다. 그들은 사회적으로 배려하지 않으면 안 되는 약자들이기 때문에 그분들을 배려하는 공간을 만든 것입니다. 지하철을 타도 임산부석이 있고 또한 나이 드신 분들을 위한 노약자석이 있어 배려가 이뤄집니다. 이런 문화가 고급문화이고 좋은 문화의 예입니다. 우리가 불편을 감수하고 배려함으로써 연약한 자들의 불편이 줄어들고, 그 모습을 통해서 동등한 세상을 만드는 것이 바로 예수님을 믿는 나라에서 이루어지는 일입니다.

제가 초등학교 때 교과서에 이런 이야기가 실려 있었습니다. 두 형제가 서로 배려하는 이야기입니다. 가을 농사가 끝났는데 형님이 보니까, 인근에 살며 농사를 하는 동생의 곡식단이 조금밖에 없었습니다. 형이 밤을 기다렸다가 아무도 안 볼 때 자기 곡식단을 들고 가서 동생의 곡식단 사이에 놓아두고 돌아옵니다. 그런데 또 동생이 형님 논을 보니 형님 곡식단이 부족하게 보여 동생 역시 아무도 보지 않는 밤에 자기 곡식단을 형님 곡식단에 놓아두고 오는 길이었습니다. 결국 형제는 길에서 마주쳐 깜짝 놀라고 말았습니다. "네가 나를 이렇게까지 생각해 주었구나", "아니 형님이 저에게 이렇게 따뜻한 배려를…." 결국 두 형제는 서로 안고서 뜨거운 눈물을 흘렸습니다.

서로 배려했다는 이야기입니다. 배려는 이렇게 물질

적인 것뿐만 아니라 마음으로도 감동을 더합니다. 우리 교회도 그런 예가 있는데 주일 밤과 삼일 밤에는 구역 특송을 합니다. 그러면 어떤 구역은 찬양을 잘하는 사람들도 많고 숫자도 많아서 너무나 멋있지만, 어떤 구역은 힘든 구역도 있습니다. 음악적인 재능도 부족해서 앞에 나와 찬송을 시작하지만 시작도 제대로 못하고 박자와 음정이 각자 제각각이어서 독특한 화음을 내기도 합니다. 그런데 성도들이 박자와 음정이 틀린 그 구역의 찬양을 함께 따라 부릅니다. 많은 성도들이 그 자리에서 다 함께 불러줌으로 그들이 틀린 것에 대한 부끄러움이 사라지고 오히려 찬양이 더 은혜가 되는 경험을 우리들은 많이 하지 않았습니까? 배려가 주는 엄청난 효과가 아닐 수 없습니다.

이처럼 배려는 상대방의 마음을 얻는 것입니다. 우리가 만약 전도하기를 원한다면 전도할 대상에게 예수님 이야기하기 전에 예수님의 사랑을 내 안에 머금고 끊임없이 배려해야 합니다(눅 13:34).

또한 다른 각도로 보면 누군가를 배려하고 도와주

고 필요한 것을 제공해 주는 것 못지않게 상대방의 배려를 받아들이는 것도 중요합니다. 누군가를 배려하고 도와주는 일은 잘하지만 상대적으로 누군가의 배려를 받아들이는 것을 잘 못하는 경우가 상당히 많습니다.

룻은 보아스의 배려를 감사히 받아들였습니다. 룻기 2장 13절 말씀을 보면 "룻이 이르되 내 주여 내가 당신께 은혜 입기를 원하나이다 나는 당신의 하녀 중의 하나와도 같지 못하오나 당신이 이 하녀를 위로하시고 마음을 기쁘게 하는 말씀을 하셨나이다 하니라"라고 합니다. 룻은 시녀와 같은 자신을 배려해 주어서 고맙다고 말했습니다. 우리는 가끔 다른 사람에 대한 선한 의도가 있는 배려를 자기 자존심 때문에 완강하게 거절하는 경우를 봅니다. 자존심보다 더 중요한 것은 그 배려를 오히려 감사하며 받아들이는 것입니다 (딤전 4:4).

지금 이 시대에 가장 시급한 것은 서로를 향한 배려와 소통입니다. 일방적으로 주고받는 것이 아닙니다.

일방적으로 나만 주고 당신은 받으라는 것이 아닙니다. 배려는 서로 주고받는 것입니다. 내가 필요로 하는 것을 제공해 줄 수 있다면 제공을 받는 그분은 그 마음을 감사히 받고 감사함으로 되돌리면 됩니다. 이것이 소통입니다. 왜냐하면 형제와 이웃 사랑에 근거한 배려이기 때문입니다. 예수님을 믿는 성도의 배려는 그런 것입니다. 우리 주님이 사랑하신 형제와 이웃을 우리도 그렇게 사랑하는 것입니다(요일 4:20).

도움을 받을 때보다도 도움을 줄 때 더 상대방을 배려해야 합니다. 그리고 조심해야 합니다. 오히려 도움을 베풀어줄 때 그 마음을 잘 어루만지면서 도움받는 분의 마음까지도 깊이 살피는 배려가 필요합니다. 즉 내 마음대로 도와주고 내 마음대로 힘쓴다고 되는 것이 아닙니다. 지금 우리 주변에도 배려해야 할 대상들이 얼마나 많은지 모릅니다. 지금 이 시대에 중요한 것은 이처럼 배려하는 마음입니다(롬 15:1). 배려는 예수님을 믿는 성도 된 저와 여러분에게 정말 필요한 것입니다(롬 14:13).

지금 여러분에게 떠오르는 나의 룻은 누구입니까? 내 밭에서 이삭을 주울 정도로 힘들고 어려운 처지에 있는 나의 룻은 누구입니까? 그리고 내가 그분을 위해서 해야 할 일은 무엇일까요? 우리는 우리 주님의 마음을 가지고 그분을 어떻게 배려해야 할까요? 그리고 우리 주님이라면 그분을 어떻게 대하셨을까요? 이 시대를 살아가는 보아스로서 내 주변에 있는 룻을 보고 냉정히 대하지 않고 예수 그리스도의 사랑을 품고 좋은 배려를 실천하는(롬 15:2) 성숙한 믿음의 사람들이 되시기를 주님의 이름으로 축원합니다.

존중 Respect

누가복음 19:1-10

"예수께서 여리고로 들어가 지나가시더라 삭개오라 이름하는 자가 있으니 세리장이요 또한 부자라 그가 예수께서 어떠한 사람인가 하여 보고자 하되 키가 작고 사람이 많아 할 수 없어 앞으로 달려가서 보기 위하여 돌무화과나무에 올라가니 이는 예수께서 그리로 지나가시게 됨이러라 예수께서 그 곳에 이르사 쳐다 보시고 이르시되 삭개오야 속히 내려오라 내가 오늘 네 집에 유하여야 하겠다 하시니 급히 내려와 즐거워하며 영접하거늘 뭇 사람이 보고 수군거려 이르되 저가 죄인의 집에 유하러 들어갔도다 하더라 삭개오가 서서 주께 여짜오되 주여 보시옵소서 내 소유의 절반을 가난한 자들에게 주겠사오며 만일 누구의 것을 속여 빼앗은 일이 있으면 네 갑절이나 갚겠나이다 예수께서 이르시되 오늘 구원이 이 집에 이르렀으니 이 사람도 아브라함의 자손임이로다 인자가 온 것은 잃어버린 자를 찾아 구원하려 함이니라."

본문 말씀을 보면 예수님을 믿는 성도들의 삶의 가치와 방향이 어떠해야 하는가에 대해 매우 중요한 것을 알 수 있습니다. 다시 말하면 우리가 어떻게 살 것이냐 하는 문제가 중요합니다. 주님께서는 요한복음 13장 34-35절에 "새 계명을 너희에게 주노니 서로 사랑하라 내가 너희를 사랑한 것 같이 너희도 서로 사랑하라 너희가 서로 사랑하면 이로써 모든 사람이 너희가 내 제자인 줄 알리라" 하셨고, 마태복음 22장 39절에서도 "둘째도 그와 같으니 네 이웃을 네 자신 같이 사랑하라 하셨으니"라고 말씀하십니다. 이러한 주님의 가르침을 저변에 두고 이 시대를 살아가는 성도에게 필요한 사회적인 언어를 통해 이 시대를 살피고 내가 어떤 사람으로 살아가야 할 것인가를 함께 다짐해보고자 합니다.

이번에 함께 살펴볼 키워드는 '존중'(Respect)입니다. 존중은 '높여서 중요하게 여긴다'는 뜻입니다. 이 시대가 과연 존중의 시대인가를 알 수 있는 방법은 매우 간단합니다. 뉴스나 많은 매체에서 언급되는 말과 내용을 살펴보면 존중이 결여되어 보이곤 합니다. 이러한 존중이 결여된 현실을 해결하기 위해서 우리가 존중해야 할 세 가지 방향을 앞서 나눈 누가복음 19장을 통해 살펴보고자 합니다.

첫째, 존중이라는 단어를 떠올릴 때 생각해야 할 것은 먼저 하나님을 존중히 여겨야 한다는 것입니다(삼상 2:30; 전 12:13).

사무엘상 3장을 보면 사무엘이 하나님의 음성을 듣는 장면이 나옵니다. 사무엘이 등장하기 전 상황이 사무엘상 2장입니다. 당시는 엘리 제사장 때였습니다. 하지만 엘리 제사장은 무능했습니다. 그는 이스라엘 민족을 이끄는 영적인 지도자 역할과 사명을 잘 감당하지 못했습니다. 무엇보다 그 뒤를 이어 사명을 감당해야 할 두 아들도 타락하고 범죄했습니다. 이 제사장 가문은 백성들의 모범이 안 되는 정도가 아니라 영적인 기능을 완전히 상실했기에 그 시대가 영적인 암흑기와 같은 시대가 된 것입니다. 그런 와중에 사무엘이 자라가면서 하나님과 사람에게 은총을 받았습니다. 그런 시기에 하나님의 사람이 엘리에게 와서 그의 죄를 지적하고 책망하는 내용이 사무엘상 2장 30절에 기록되어 있습니다.

> "그러므로 이스라엘의 하나님 나 여호와가 말하노라 내가 전에 네 집과 네 조상의 집이 내 앞에 영원히 행하리라 하였으나 이제 나 여호와가 말하노니 결단코 그렇게 하지 아니하리라 나를 존중히 여기는 자를 내가 존중히 여기고 나를 멸시하는 자를 내가 경멸하리라."

원래 하나님은 이스라엘의 하나님입니다(마 15:31). 이스라엘은 민족의 이름이자 나라의 이름입니다. 그래서 이스라엘은 민족 교회이자 국가 교회라고 합니다. 여타의 다른 민족이나 다른 국가와는 조금 다른 구조를 가지고 있습니다. 하나님께서 모든 인류 가운데 이스라엘을 선택하시고 구속하시고 "너는 내 백성이라", "너는 내 것이라", "내가 너를 보배롭고 존귀하게 여긴다", "내가 너를 축복하겠다", "너를 축복하는 자를 축복해 주고 너를 저주하는 자를 내가 저주하겠다"라고 말씀하셨습니다. 이처럼 이스라엘은 굉장히 특별한 민족이고 영적인 공동체입니다(창 32:28).

이스라엘은 신정국가였습니다. 하나님께서 "내가 전에 네 집과 네 조상의 집이 내 앞에 영영히 행하리라"는 축복을 주신 나라와 족속이 없습니다(삼상 2:30). 오직 이스라엘뿐입니다. 그런데 하나님께서 "이제 나 여호와가 말하노니 결단코 그렇게 하지 아니하리라 나를 존중히 여기는 자를 내가 존중히 여기고 나를 멸시하는 자를 내가 경멸하리라"라고 말씀하십니다.

사무엘상 2장 30절에 있는 이 책망의 말씀은 지금으로부터 약 3,100년이나 되는 시차가 있습니다. 3,100년이 지난 지금도 사람들의 모습과 성도의 모습은 달라진 것이 없습니다. 영적인 이스라엘인 성도 된 저와 여러분은 영적인 이스라엘입니다(요 1:13; 갈 6:15-16). 이러한 저와 여러분에게 하나님이 얼마나 존중히 여김을 받으시는지 생각해 보아야 합니다. 지금부터 3,100년 전에 하나님을 존중히 여기지 못했던 이스라엘 백성과 같은 모습이 우리에게도 있지는 않는가를 스스로 점검해 보아야 합니다. 하나님과의 관계에서 내가 어떤 삶을 살고 있는가를 스스로 증명해야 합니다.

'나는 내게 주어진 시간을 구별해서 온전한 주일 성수를 하고 있는가?'에 대해서 스스로 질문하고 대답할 수 있어야 합니다. 나는 나에게 주어진 물질을 거룩하게 구별해서 온전한 십일조를 드리고 있는지(말 3:10), 내 마음을 거룩하게 하여 형제와 이웃을 진정으로 사랑하고 있는지(마 22:39), 말씀과 기도와 예배를 통해서 내가 얼마나 은혜를 사모하며 충실히 감당하고 있는지(딤전 4:5), 예배에 있어서 공적인 예배를 잘 드리고 있으며 혹은 개인적인 예배도 성공적으로 드리고 있는지를 신중하게 살펴보아야 합니다(요 4:24; 롬 12:1).

'내가 누구인가?'에 대해서 우리 자신을 살펴보면 나는 구원받은 하나님의 백성이요 영적인 이스라엘이라고 자부할 수 있습니다. 우리는 예수님을 믿고 구원받아 천국 가게 되었습니다(행 16:31). 얼마나 감사한 구원의 은혜입니까? 그 은혜로 우리는 지금도 살아가고 있습니다. 내가 지금 당장 죽어도, 하나님이 오늘 부르셔도 나는 천국 간다는 마음과 믿음이 우리에게는 가장 중요합니다(눅 23:43). 그런 믿음과 확신을 갖는 것은 이 시대를 살아가는 저와 여러분에게 주어진 놀라운 축복입니다. 하나님만이 우리를 그렇게 축복하실 수 있으며 그 덕분에 저와 여러분들이 그 축복을 받아 누릴 수 있는 것입니다.

그런데 우리가 천국 백성이라고 여기면서 정작 삶 속에서 하나님을 존중히 여기지 않으면 우리는 대단히 잘못하고 있는 것입니다. 어떤 경우에도 천국에 가며 구원의 확신을 갖는 것은 꼭 필요하고 중요한 이야기지만, 내가 시간을 거룩하게 구별해서 주일도 지키지 않고, 물질을 거룩하게 구별해서 온전한 십일조를 드리지도 않으며, 내 마음을 거룩히 여겨 형제와 이웃을 진정으로 사랑하지도 않고, 말씀과 기도와 예배에 충실하지 않으면서 나는 예수님 믿으니까 구원받아 천국 간다고 말한다면, 이것은 아주 잘못된 생각과 태도입니다(약 2:14, 17).

하나님은 "나를 존중히 여기는 자를 내가 존중히 여기고 나를 멸시하는 자를 내가 경멸하리라"고 말씀하셨습니다(삼상 2:30). 매우 의미 있는 말씀입니다. 이스라엘 백성들이 애굽 땅, 종 되었던 곳에서 탈출해 가나안 땅을 향합니다. 애굽은 세상을 상징하고 가나안은 천국을 상징합니다. 애굽은 죄악 된 곳입니다. 애굽에 머물던 이스라엘 백성을 하나님께서 구출해 내시는데 그 구출하심이 바로 구원의 역사입니다. 그런 면에서 이스라엘 백성들이 애굽 땅에서 나온 것은 구원이 임한 것입니다(출 14:13; 고전 10:11). 그러고 난 후 구원받은 백성들에게 하나님께서 무엇을 주십니까? 십계명을 주셨습니다(출 20:1-17). 십계명을 주신 이유는 너희들이 이 10가지 계명을 잘 지켜야 구원받는다는 의미가 아닙니다. "너희들은 이미 내가 구원한 내 백성이다. 구원받은 백성답게 너희는 이렇게 살아야 한다"라고 엄격한 십계명을 주신 것입니다. 그래서 이스라엘 백성들이 하나님께서 주신 계명을 잘 지켜 행하면 하나님이 창세기, 출애굽기, 레위기, 민수기, 신명기에 있는 모든 놀라운 축복의 말씀들을 허락해 주시는 반면에, 상대적으로 그렇게 살지 않으면 벌을 내리신다는 것입니다(출 20:6; 신 7:9-10).

아무리 택하신 백성과 구원받은 백성이라도 하나님을 섬기고 존중히 여기는 절대적 가치를 훼손하면 벌을 내리신다는 말씀입니다. 오늘날 우리가 살아가는 이 시대에 내가 예수님을 믿고 구원받아 천국 가게 된 것은 너무나 감사한 일입니다. 그런 구원의 확신은 반드시 필요하고 구원의 확신에 대한 중요한 가치를 지녀야 합니다(롬 8:33). 내가 정말 구원받은 성도로서 믿음의 도리를 다하고 하나님을 존중히 여기는 삶을 살아가고 있는가는 너무 중요한 문제입니다.

말라기 1장 6-8절에 이렇게 두려운 말씀이 있습니다.

> "내 이름을 멸시하는 제사장들아 나 만군의 여호와가 너희에게 이르기를 아들은 그 아버지를, 종은 그 주인을 공경하나니 내가 아버지일진대 나를 공경함이 어디 있느냐 내가 주인일진대 나를 두려워함이 어디 있느냐 하나 너희는 이르기를 우리가 어떻게 주의 이름을 멸시하였나이까 하는도다 너희가 더러운 떡을 나의 제단에 드리고도 말하기를 우리가 어떻게 주를 더럽게 하였나이까 하는도다 이는 너희가 여호와의 식탁은 경멸히 여길 것이라 말하기 때문이라 만군의 여호와가 이르노라 너희가 눈 먼 희생제물을 바치는 것이 어찌 악하지 아니하며 저는 것, 병든 것을 드리는 것이 어찌 악하지 아니하냐 이제 그것을 너희 총독에게 드려 보라 그가 너를 기뻐하겠으며 너를 받아 주겠느냐."

하나님 앞에 드리는 제사 제물을 두고 사람들이 못된 행동들을 합니다. 사람들이 먹지도 못할 것, 사람들이 거두지도 못할 것들을 하나님 앞에 제물로 드립니다. 그러니까 그 이후에 하나님께서 계시를 종결시킵니다. 결국 어두운 시대와 암흑의 시대가 되어 버렸습니다. 그 이유는 그들이 하나님을 존중히 여기지 않았기 때문입니다.

저와 여러분이 영원한 천국 백성이 되었다고 하면서 천국 백성으로서 삶의 모습은 전혀 갖고 있지 않거나, 하나님을 존중히 여기는 삶의 열매가 없으면 어떻게 구원받은 백성이라고 말할 수 있겠습니까?(마 7:21) 하나님을 존중히 여기시기를 주님의 이름으로 축원합니다.

둘째, 존중이라는 단어를 생각할 때 성도를 존중히 여겨야 합니다.

시편 16편 3절에 "땅에 있는 성도들은 존귀한 자들이니 나의 모든 즐거움이 그들에게 있도다"라고 말씀합니다. 이 시편은 다윗이 기록한 시입니다. 다윗은 이스라엘의 경건한 사람들에 대해서 깊은 애정을 갖고 시편 16편을 기록합니다. 이스라엘에 있는 사람들이라고 해서 믿음이 모두 좋은 것은 아닙니다. 하나님을 다 잘 섬긴 것은 아닙니다. 그런데 그중에 거룩한 하나님의 사람들이 있었습니다. 성도라고 하는 말은 거룩한 사람들이라는 뜻입니다(출 19:5-6; 벧전 2:9). 이스라엘 사람들 가운데 다윗이 볼 때 하나님과 언약 관계에 있으면서 하나님을 의지하고 순종하며 살아가는 참믿음의 사람들이 있었기에 다윗이 그 사람들을 보며 너무나 사랑스럽고 좋고 기쁘고 감사가 나왔던 것입니다.

믿음이 없는 사람들은 믿음 없는 사람들을 봐도 안타까움이 없습니다. 믿음이 없는 사람들은 믿음이 있는 사람들을 봐도 부러워할 줄 모르고 좋아할 줄 모릅니다. 그런데 큰 믿음이 있는 사람은 믿음이 있는 사람을 보면 기쁘고 감사가 나옵니다. 믿음이 약한 사람들을 보면 안타깝고 아쉬움이 있습니다(고전 10:12). 이것이 바로 영적인 감각입니다. 우리에게도 그런 마음이 있는지를 돌아봐야 합니다. 만약 그 마음이 없다면 우리는 더 노력하고 힘써야 합니다. 그렇게 거룩한 자들은 내세에서 하나님의 자녀로 받을 영광이 모두 준비된 하나님의 자녀들입니다(딤후 4:8). 그러니 다윗이 그들을 볼 때 "땅에 있는 성도들은 존귀한 자들이니 나의 모든 즐거움이 그들에게 있도다"라고 노래를 한 것입니다.

성도 한 사람 한 사람 모두 하나님께서 보시기에 귀중한 존재임을 믿으시기를 바랍니다(마 16:26). 성도는 비록 이 땅에서 살아가지만 하나님의 자녀로 살다가 마침내 마지막에는 천국을 유업으로 받게 됩니다. 결국 우리의 종착역은 천국입니다(벧전 1:9). 우리는 천국 가는 성도와 천국에 갈 사람이기 때문에 더없이 소중하고 존귀하고 더없이 가치 있는 사람입니다. 우리 주님께서도 천하보다 한 생명이 귀하다고 말씀하셨습니다(마 16:26). 지금 이 자리에 있는 분들은 천하보다 귀한 생명입니다. 우리 주님께서 아낌없이 다 쏟으셔서 저와 여러분을 사망과 멸망과 치욕 가운데서 끄집어내어 천국으로 인도한 사람들입니다(요 5:24). 얼마나 감사합니까? 아직도 천국의 은혜와 감사가 없다면 이것은 매우 심각한 문제가 아닐 수 없습니다.

저와 여러분은 천국까지 같이 가고 천국에서도 같이 살 사람임을 믿으시기를 바랍니다(계 21:26). 그래서 사람들과 성도들을 볼 때 우리의 시각이 달라야 합니다. 물론 '왜 저렇게 생겼을까? 왜 저렇게 살 수밖에 없을까?' 하는 모습이 우리들의 눈에 보이기도 합니다. 더구나 교회 구성원들은 한 지역에서 태어나고 자라서 생활하는 분들이 많습니다. 지금은 길이 좋아져서 여기저기 통행이 자유롭지만 과거에는 그렇지 않았습니다. 지금 성도들 가운데 이런 변화를 체험한 것은 몇 년 안 된 일입니다.

제가 광주(光州)에서 살았을 때 영광에 가려면 거의 반나절 이상 다른 일을 못 봤습니다. 그런데 지금은 광주를 왔다 갔다 하면서 약속을 하고 업무를 보는데 전혀 불편함이 없습니다. 하지만 도시는 또 다릅니다. 고향 개념이 없는 것은 아니지만 여러 곳을 이사하면서 그 개념이 희박해집니다. 그에 비해서 우리 지역에 사는 분들은 이곳이 고향이라는 생각이 굉장히 깊습니다. 그래서 서울이든지 다른 타지에 살면서도 고향을 많이 생각합니다.

심지어 이웃집의 숟가락, 젓가락 수는 물론 그 집안의 내력이나 부모에 대해서도 잘 알고 있을 정도입니다. 그래서 개인적으로 얽혀 있는 문제도 있고 집안 사이와 사업하는 분들끼리도 이해관계가 있을 수도 있습니다. 교회 안에서도 친밀한 관계가 형성되어 어떤 분과는 긴밀하고 친절하게 잘 지내지만 어떤 분은 누군지도 잘 모르는 경우가 더러 있기도 합니다.

저는 신학교 시절에 이런 마음을 품었습니다. 내가 목회를 하면 2부 예배는 안 드리고 혹시 숫자가 늘어나면 예배당을 크게 하더라도 한 공간에서 모든 성도들과 예배를 드려야 되겠다는 마음을 가졌습니다. 그런데 제가 우리 교회(영광대교회)에 부임하고 얼마 후 1부 예배만 드리다 2부 예배를 만들게 됐습니다. 왜냐하면 예배당이 소화할 수 없을 정도로 사람들이 많아졌기 때문입니다. 그렇다고 부임하자마자 예배당을 짓자고 할 수도 없었습니다. 시기적으로도 예배당을 세울 상황도 아니어서 부득이하게 2부 예배를 했는데 감사한 것은 출석률은 높아졌고 출석 인원도 많아졌습니다. 하지만 상대적으로 아쉬운 점은 1부와 2부 예배에 나온 성도들이 서로 인사하고 교제할 시간이 부족해졌다는 것입니다. 농담처럼 하는 말이지만 1부 예배 교회와 2부 예배 교회, 두 교회가 있는 것 같습니다. 서로 만날 일이 없어서 너무나 아쉽습니다.

성도들이 한 공간 안에서 이렇게 예배를 드릴 수 있다는 것이 얼마나 중요한 일인지 모릅니다. 지금 여러분 옆에 함께 예배하는 성도를 소중히 여기시기를 바랍니다. 모든 성도는 보통 사람이 아니고 천국의 동반자들입니다(엡 2:19). 지금 이 자리에 함께 있는 것만으로도 소중하고 감사한 일임을 잊지 마시기 바랍니다. 장례식에 가보면 딱 두 종류만 남습니다. 가족하고 성도뿐입니다. 평생 같이 먹고 가깝게 생활하는 사람은 가족과 성도들만 있습니다. 하관예배를 드리면서 함께 하는 이 성도들이 얼마나 복됩니까? 함께 믿음을 가진 성도를 소중히 여기고 존중히 여기시기를 주님의 이름으로 축원합니다.

그리스도인이 존중이라는 단어를 삶에 적용하려면 첫째로 하나님을 존중히 여기고, 둘째로 성도를 존중해야 합니다. 그리고 셋째로 연약한 자도 존중하여야 합니다. 앞서 나눈 누가복음 19장 1-10절은 삭개오를 만나주시는 예수님의 이야기를 기록하고 있습니다. 예수님께서 주로 활동하신 지역은 갈릴리와 예루살렘 지역이었습니다. 이스라엘의 북쪽이 갈릴리 지역이고, 갈릴리 호수에서 남쪽의 사해로 흐르는 강을 요단강 혹은 요단 골짜기라 부릅니다. 요단강을 타고 쭉 내려오다가 사해 바다에 이르기 전 윗부분에 무역을 하는 항구 도시가 여리고이고 그 여리고에서 예루살렘으로 올라갔습니다. 예수님께서 갈릴리와 예루살렘에서 주로 활동하실 때 요단 골짜기를 따라 여리고로 오셨고, 여리고에서 예루살렘으로 올라가시고, 다시 예루살렘에서 여리고로 내려가다가 갈릴리로 가서 사역을 하셨습니다. 물론 요한복음 4장에서처럼 예루살렘에서 사마리아를 직접 통과해 갈릴리로 가시는 경우도 더러 있었지만 주로 갈릴리와 예루살렘을 오고 가셨습니다.

예수님 사역의 내용을 보면 크게 세 가지입니다. 하나님 말씀을 전하시고, 병든 자를 고치시고, 이적을 행하셨습니다(마 9:35). 이러한 예수님의 사역에 온 이스라엘이 난리가 났습니다. 이스라엘은 그리 크지 않습니다. 우리나라의 전라도나 강원도 정도의 크기입니다. 우리나라처럼 동고서저(東高西低)의 지형입니다. 동쪽이 높고 서쪽이 낮습니다. 서쪽에 해안 지대, 평야 지대가 있습니다. 동쪽에는 갈릴리와 여리고와 예루살렘 같은 도시에서 사람들이 밀집해서 살았습니다. 그렇기 때문에 예수님의 이야기는 온 이스라엘에 순식간에 퍼졌습니다(마 9:26).

30세의 나이에 나사렛 촌 동네에서 난 예수라고 하는 청년이 하나님 말씀과 천국 복음을 전하고 병든 자를 고치며 이적을 행하셨습니다. 이 일들을 보고 수많은 사람들이 놀랐고 그 소식은 삽시간에 온 나라에 퍼졌습니다. 만나는 사람마다 예수님 이야기를 했습니다. 예수님 이야기로 온 이스라엘이 가득 찼습니다. 그리고 예수님이 가시는 곳마다 많은 사람들이 모여들었습니다(마 13:2). 그 예수님께서 여리고를 지나가게 된 것입니다. 예수님께서 여리고를 지나가게 됐다는 소식을 삭개오도 들었습니다.

누가복음에 기록된 삭개오는 어떤 사람입니까? 세리장이며 부자요 키가 작은 사람이라고 소개하고 있습니다(눅 19:2). 예수님께서 여리고를 지나가시는데 사람들이 많아서 키가 작은 삭개오는 예수님을 볼 수가 없었습니다. 키가 굉장히 작았던 것 같습니다. 그런데 삭개오가 그 자리에 있지 않고 길거리에 있는 뽕나무 위로 올라갔습니다. 예수님을 보고 싶었던 것입니다. 그리고 뽕나무에 올라간 이후 예수님과 눈이 마주칩니다. 예수님이 삭개오에게 말씀하십니다. 누가복음 19장 5절에 "예수께서 그 곳에 이르사 쳐다보시고 이르시되 삭개오야 속히 내려오라 내가 오늘 네 집에 유하여야 하겠다 하시니"라고 되어 있습니다. 예수님의 말씀에 삭개오는 급히 내려와서 그분을 자기 집으로 모시고 영접합니다.

그런데 이 일은 보통 일이 아닙니다. 왜냐하면 이스라엘의 가옥 구조는 누구를 집에 들일 구조가 아닙니다. 아무나 집에 못 들어옵니다. 서양 사람들은 보통 몇 단계 과정이 있습니다. 첫 번째 단계는 문 앞에서만 만나고 보내는 손님입니다. 물건을 배달하는 사람들은 문 밖에서 일을 보고 보냅니다. 두 번째 단계는 문을 열고 들어오자마자 바로 옆에 작은 방이 하나 있는데 그 사무를 처리하는 방까지 들이는 단계입니다. 그곳에서 서류 작성 등 여러 가지 사무 일을 보게 합니다. 세 번째 단계는 응접실입니다. 손님을 모시고 와서 차를 나누고 대화를 하고 좀더 깊은 관계를 맺는 곳입니다. 그리고 네 번째 단계는 식탁에 앉히는 사람입니다. 이 손님은 굉장히 깊은 관계에 있는 사람입니다.

이렇게 손님을 맞이하는 4단계가 있습니다. 서양 사람들이 손님을 맞이하고 사람을 대하고 어느 공간에

들이느냐에 따라서 그 사람과의 관계를 알 수 있습니다. 그런데 삭개오는 예수님을 자기 집에 모셨습니다. 이스라엘의 가옥 구조를 생각해 볼 때 누군가를 집에 들여서 함께 유한다고 하면 자신의 모든 것을 다 열어 개방한다는 뜻입니다.

요즘 우리나라도 다른 사람의 집에 방문할 때 쉽지 않습니다. 다 지켜야 할 예의가 있습니다. 그런데 2,000년 전 그 이스라엘 집에 누군가를 집에 들여서 식탁 교제를 한다는 것은 굉장히 깊은 관계를 의미하는 것입니다. 삭개오의 집에 들어가시는 예수님을 많은 사람들이 봤습니다. 그런데 반응이 그리 좋지 않았습니다.

누가복음 19장 7절 말씀을 보면 "뭇사람이 보고 수군거려 이르되 저가 죄인의 집에 유하러 들어갔도다 하더라"라고 합니다. 사람들이 그 모습을 보고 이렇게 말합니다. "왜 예수님께서 죄인의 집에 들어가지?"라고 사람들끼리 의심하며 말합니다. 불편해 했습니다. 삭개오는 그 당시 로마 정부의 세관 관리였습니다. 더구나 세리장이었습니다. 그때 당시 세리장들은 과도하게 세금을 징수했고 그 세금에서 자기 몫을 떼어내기까지 했습니다. 삭개오도 세리장이므로 이런 식으로 부자가 되었기에 사람들이 봤을 때 삭개오를 택하신 예수님에 대하여 불평한 것은 어쩌면 당연한 일입니다. 그런데 우리가 놓치지 말아야 할 중요한 것 하나가 있는데 그것은 바로 예수님께서 연약한 죄인도 존중히 여기셨다는 사실입니다(눅 5:32).

이것은 다 누구 이야기입니까? 내 이야기요, 우리들의 이야기입니다. 삭개오는 세리장이며 키가 작은 부자라고 성경은 기록하고 있습니다. 그런데 예수님은 그 삭개오의 영혼을 보셨습니다. 마찬가지로 우리의 외모만 보시면서 예수님이 평가하지 않으셨습니다(삼상 16:7). 만약에 예수님께서 저와 여러분을 평가할 때 예수님 믿기 전의 외형적인 면만을 보셨다면 우리가 이렇게 은혜의 자리에 있을 수 없었을 것입니다. 우리는 그럴 만한 자격을 누구도 갖추지 못하기 때문입니다(갈 2:16). 먼 조상부터 전통적으로 예수님을 믿는 가정이 있습니까? 자연스럽게 믿은 것이 아닙니다. 믿음은 지극히 개인적인 것입니다. 하나님의 은혜로 우리 가문이 구원을 받고 대대로 예수님을 믿는 것은 놀라운 축복이지만 구원은 각자에게 주어진 은혜입니다. 결코 마음대로 되는 것이 아닙니다(엡 2:8-9).

예수님의 판단과 배려는 연약한 죄인이라도 존중하신다는 것입니다. 이것은 엄청난 영적 결과를 가져옵니다. 삭개오는 예수님을 마음에 모셨습니다. 그리고 자신의 잘못을 뉘우치면서 회개한 사람의 전형으로 나타납니다. 8절에서 "삭개오가 서서 주께 여짜오되 주여 보시옵소서 내 소유의 절반을 가난한 자들에게 주겠사오며 만일 누구의 것을 속여 빼앗은 일이 있으면 네 갑절이나 갚겠나이다"라고 합니다. 당시에 율법과 범례를 훨씬 뛰어넘는 일을 하겠다고 삭개오가 스스로 나선 것입니다. '난 더 많이 내놓겠다. 더 많이 갚겠다'는 것입니다. 예수님께서는 이것을 흡족히 여기셨습니다. 그래서 9-10절에서 이렇게 말씀하십니다. "예수께서 이르시되 오늘 구원이 이 집에 이르렀으니 이 사람도 아브라함의 자손임이로다 인자가 온 것은 잃어버린 자를 찾아 구원하려 함이니라." 할렐루야! 연약한 자를 존중하셨던 우리 주님의 영적 결과물이 삭개오의 참된 회개와 구원으로 이어졌습니다.

이 시대를 살아가는 저와 여러분에게 필요한 사회적인 언어가 지금까지 살핀 '존중'이라는 단어였습니다. 교회가 해야 할 가장 중요한 가치는 잃어버린 영혼을 찾아서 복음을 전하고 하나님을 섬기는 것입니다(마 18:14). 누가복음의 주제가 무엇입니까? 잃어버린 자를 찾으시는 예수님입니다(요 12:47). 누가복음 전체를 이해할 때 가장 중요한 핵심 어휘는 바로 잃어버린 자를 찾아 구원하시는 예수님입니다(눅 19:10). 저와 여러분 모두가 잃어버린 죄인들이었습니다.

지금 이 시대는 교회가 제 기능을 다하지 못하는 영적으로 혼미한 시대가 되었습니다. 우리 주님은 한 영혼이라도 구원하시기 위해서 수많은 비난과 핍박과 고난과 고통을 다 감당하셨습니다(눅 23:43). 이 시대를 살아가는 우리 모두는 내 앞에 잃어버린 삭개오를 더 이상 외면하거나 방관하지 말아야 합니다.

교회 안과 밖을 이원론적(Dualism)으로 나누면 결코 안 됩니다. 예수님을 믿는 성도 된 나는 선하고, 예수님을 믿지 않는 이들은 악하다는 이원론적 사고는 버려야 합니다. 우리는 용서받은 과거적 죄인이었습니다(롬 8:1). 상대적으로 아직 예수님을 믿지 않는 분들은 예비 성도입니다. 하나님이 어떤 사람을 택하셨는지 모르기 때문에 우리는 누구에게든 복음을 전해야 하고 누구라도 존중해 주어야 합니다(롬 1:14). 한 영혼을 소중히 여겨야 합니다. 예수님처럼 따뜻하게 나무 위에서 내려오라고 말해 주어야 합니다. 믿음을 가진 내가 손을 내밀어서 나는 당신을 존중한다고 느끼게 해 주어야 합니다. 삶 속에서 내가 그 형제를 존중해야 합니다(요 13:14).

우리가 살아가는 이 시대를 관통하는 그리스도인의 언어와 예수님을 믿는 성도로서 꼭 필요한 현 사회의 언어는 '존중'이라는 단어입니다. 하나님을 존중하고, 성도를 존중하며, 연약한 형제와 이웃을 존중하는 저와 여러분이 되시기를 주님의 이름으로 축원합니다.

공존 Solidarity

잠언 22:1-2

"많은 재물보다 명예를 택할 것이요 은이나 금보다 은총을 더욱 택할 것이니라 가난한 자와 부한 자가 함께 살거니와 그 모두를 지으신 이는 여호와시니라."

우리 성도들에게 삶의 가치와 방향을 정하는 일은 매우 중요합니다. 예수님을 믿지 않는 사람과 예수님을 믿는 사람은 삶을 바라보는 기준이 다르기 때문입니다. 예수님을 믿는 성도들의 삶의 가치와 방향은 우리 주님께서 가르치신 말씀에 근거해야 합니다(마 4:4;

딤후 3:16-17). 우리 주님께서 어떻게 우리에게 가르치십니까? 요한복음 13장 34-35절에 "새 계명을 너희에게 주노니 서로 사랑하라 내가 너희를 사랑한 것 같이 너희도 서로 사랑하라 너희가 서로 사랑하면 이로써 모든 사람이 너희가 내 제자인 줄 알리라"고 하시며 네 이웃을 네 몸과 같이 사랑하라고 말씀하셨습니다.

우리는 계속해서 이 시대를 상징하고 대표할 만한 언어에 대해서 살피고 있습니다. 예수 그리스도께서 서로 사랑하라고 하신 말씀에 근거해서 우리는 이 시대를 조망하는 언어를 영적으로 생각하고 이해하고 해석하며 그대로 살기를 힘써야 한다는 것입니다.

오늘날을 살아가는 성도들에게 꼭 필요한 그리고 이 시대를 대표하는 키워드로 '동행', '책임', '착한 행실', '배려', '존중' 등의 키워드를 함께 살펴보았습니다. 모두 오늘날 우리가 많이 듣고 말하며, 언론에서 가장 많이 취급하는 단어들이기도 합니다.

이번에 살펴볼 사회적인 키워드는 '공존'(공생, Solidarity)

이라는 단어입니다. 공존이라는 말은 '서로 도와서 함께 존재한다', 또 '서로 도우며 함께 살아간다'는 의미가 있습니다. 앞서 살핀 잠언 22장 2절 말씀을 보면 "가난한 자와 부한 자가 함께 살거니와 그 모두를 지으신 이는 여호와시니라"고 말씀합니다. 이를 직역하면 '부한 자와 가난한 자가 공존합니다. 여호와께서 그들 모두를 창조하셨습니다'라는 의미입니다. 1절은 재물에 대한 주제를 다루는데 그와 연관해서 가난한 자와 부한 자의 공존, 공생에 대해 기록하고 있습니다. "함께 살거니와"라고 했는데 이 말은 '만나다', '공존하다'라는 의미를 가집니다.

다시 말하면 하나님께서 예수님을 믿는 성도 된 저와 여러분에게 공동체의 삶을 부여하셨기에 우리는 그렇게 살아야 하고 공동체의 삶을 살아야 한다는 것입니다. 부자는 가난한 자에게 긍휼을 베풀고 가난한 자는 기꺼이 도움을 수용해야 한다는 것입니다. 이것이 함께 사는 것이고 섞여 사는 것입니다.

우리가 주의해야 할 것은, 물질의 많고 적음이 전부라고 생각하는 그 자체가 잘못된 시각이라는 것입니다. 모든 인간은 사회적인 신분과 환경과 관계없이 모두 다 평등합니다. 모든 인간은 평등합니다(창 1:27). 이는 이 세상 사람들도 다 말하는 겁니다. 진보주의자들도 그렇게 말합니다. 하나님이 없다고 말하는 사람들이 특히 그런 말을 많이 하는 경향을 보입니다.

성도에게 "모든 인간이 다 평등하다" 할 때의 '평등'이란 사람들이 일반적으로 생각하는 그런 의미의 평등이 아닙니다. 굉장히 신앙적이고 영적인 의미를 담고 있습니다. 그 이유는 모든 인간은 다 하나님으로부터 지음받은 존재이기 때문입니다(창 1:26). 사람은 다 다릅니다. 부함과 가난함이 있고, 건강함과 연약함이 있고, 많은 지식이 있는 반면에 무지하기도 합니다(전 5:19). 그리고 어떤 이는 권세자이기도 하고 그 권세 아래 복종하는 백성으로 살아가기도 합니다. 그런데 같은 점이 있습니다. 그들 모두가 다 하나님의 귀한 피조물이라는 사실입니다.

모든 인간은 서로의 권리와 책임을 지닌 존재입니다. 그러므로 차이가 분명한 일에 대해서 상호 갈등하는 구조가 아니라 서로의 존엄성을 인정하는 사회가 되어야 됩니다. 서로 갈등하는 구조는 바람직하지 않습니다. 부한 자와 가난한 자, 건강한 자와 연약한 자, 많이 배운 자와 그렇지 못한 자가 서로 갈등하는 것이 아니라 서로의 존엄성을 인정해야 합니다(살전 5:13).

왜입니까? 평등하기 때문입니다. 부자와 건강한 자와 지식을 가진 자와 권세자들은 그들을 지으신 창조주 하나님을 기억해야 합니다(전 12:1). 만약 창조주 하나님을 기억하지 못하면 하나님을 떠나게 되고 하나님 앞에 교만한 자가 되어 결국 망하게 됩니다(약 4:6). 그래서 하나님이 나에게 부함도 주시고 건강함도 주시고 지식도 주시고 권세도 주셨다면 창조주 하나님을 기억해야 됩니다. 그 모든 것이 하나님에게서 나온 것이기 때문입니다(롬 11:36).

그러므로 가난한 자나 연약한 자나 무식한 자나 상

대적으로 아래에 있는 사람을 까닭 없이 무시하거나 경멸하면 안 됩니다. 인간 존재는 근본적으로 하나님의 형상대로 지음받았고 평등하기 때문입니다. 잠언 17장 5절을 보면, "가난한 자를 조롱하는 자는 그를 지으신 주를 멸시하는 자요 사람의 재앙을 기뻐하는 자는 형벌을 면하지 못할 자니라"고 했습니다.

사람을 대하는 데 있어서 모든 인간이 평등하다는 전제와 인간으로서 마땅히 존중받아야 한다는 인식이 가장 중요합니다. 그것을 가리키는 아주 상징적인 단어가 있는데 바로 '인권'(Human rights)이라는 단어입니다. 오늘날 세계적으로 이 인권이 굉장히 중요한 단어가 되었습니다. 아프가니스탄은 20년 만에 탈레반이 정권을 탈환하면서 여성들과 어린아이들, 종교적 소수자들이 심각한 박해를 받았습니다. 이로 인해 국가 발전 수준이 낮은 상황입니다.

어떤 나라와 어떤 사상을 가진 곳의 발달이 늦습니까? 복음이 없는 나라와 민족과 모든 사상체계와 인물들은 영적인 면에서 볼 때 그 발달이 낮습니다. 상대적으로 예수 그리스도의 복음이 들어가는 곳은 발달이 빨라 보입니다. 어떤 나라를 선진국으로 볼 수 있을까요? 약자를 대하는 면에 있어서 평등한 나라입니다. 예수 그리스도의 복음이 들어가는 곳마다 기술이 개선되고 그 활로가 열리는 역사가 일어납니다(롬 1:16). 그래서 여성의 인권과 어린아이들의 인권이 향상되며 노예가 해방되는 변화 등은 복음이 가져온 뚜렷한 사회적 변화로 볼 수 있습니다. 지금도 세계 곳곳에 예수 그리스도의 복음이 들어가지 않은 곳은 여전히 닫혀 있고 발달 속도가 느린 모습을 보이고 있습니다. 그러나 활발하게 예수 그리스도의 복음의 문화가 꽃피우는 곳에는 하나님이 기뻐하시는 복된 평등과 인권과 존중이 그대로 드러나고 있습니다.

사람들은 대체적으로 사람이라면 태어나면서 누구나 가지는 당연한 기본 권리가 인권이라고 생각합니다. 틀린 말은 아닙니다. 그러면 그 인권이 어디서 왔다는 말입니까? 사람이 태어나면서부터 당연히 가지는 인간다움의 권리가 과연 어디서 왔을까요?

홉스와 로크와 같은 정치학자는 천부인권(天賦人權)을 주장했습니다. 즉, 하늘이 우리들에게 인권을 주었다는 것입니다. 우리가 그 시대를 이끌어가는 단어들을 살필 때 신앙적이고 영적인 의미를 부여하지 않으면 예수님을 믿지 않는 사람들과 차이가 없어집니다. 그런데 지금 이처럼 중요한 단어들이 많이 거론되고 있습니다. 이 시대를 이끌어가는 이런 키워드들에 대해서 성도들이 신앙적인 이해를 함으로 예수님을 믿는 성도로서 이 시대를 어떻게 생각하고 어떻게 기도하고 어떻게 살아가야 할 것인가를 제시해야 할 책임을 갖게 된 것입니다.

인권에 대한 것도 마찬가지입니다. 진보주의자들이나 하나님 없는 불신자들도 인권을 말합니다. 사람이라면 누구나 태어나면서부터 당연히 가지는 기본 권리가 있습니다. 우리는 성경적인 이해를 가져야 합니다. 모든 인간은 하나님의 형상으로 창조되었기 때문에 그 가치는 무엇과도 결코 비교할 수 없습니다. 하나님의 형상을 지닌 자로 창조되었기 때문에 모든 인간은 다 귀합니다(마 16:26).

창세기 1장 26절을 보면 "하나님이 이르시되 우리의 형상을 따라 우리의 모양대로 우리가 사람을 만들었다"고 했습니다. 하나님의 형상을 따라 하나님의 모양대로 사람을 만들었다고 강조합니다. 27절에도 "하나님이 자기 형상 곧 하나님의 형상대로 사람을 창조하셨다"고 했는데 여기서 말하는 사람은 원래 아담인 남자를 의미하지만 이어서 여자를 창조하셨다고 설명합니다. 이것은 남자에게만 하나님의 형상이 있다는 뜻이 아니라 여자에게도 하나님의 형상이 있고 어린아이에게도 하나님의 형상이 있다는 뜻입니다. 하나님의 형상대로 남자도 만드시고, 하나님의 형상대로 여자도 만드시고, 하나님의 형상대로 어린아이도 만드시고, 하나님의 형상대로 엄마 배 속에 있는 태아도 만드셨으니 모두 귀하다는 것입니다(렘 1:5; 사 44:2).

여러분! 배 속 태아를 함부로 다루면 안 됩니다. 낙

태는 성경적인 관점에서 엄청난 살인이 아닐 수 없습니다. 임신 후 12주가 지나면 태중의 태아는 사람의 모든 신체 구성을 거의 다 갖추게 되는 생명체입니다. 하나님의 형상대로 지음받은 흑인도, 하나님의 형상대로 지음받은 연약한 사람들도, 다 똑같이 귀하고 인권이 존중되어야 합니다. 이것은 어떤 사회학적인 측면이나 정치학적인 측면이 아니라 신앙적인 측면으로 볼 때 하나님의 형상을 지닌 자로 창조되었기 때문에 귀하다는 사실을 잊지 말아야 합니다(시 139:14-16).

모든 인간은 서로가 다르고 차이가 있지만 살아 계신 하나님을 섬기므로 어떠한 경우에도 공존하고 공생해야 합니다. 함께 살아야 하고 섞여 살아야 하며 같이 살아야 합니다(잠 29:13). 오히려 어려움이 클수록 우리 믿음의 사람들은 함께 살아가는 일을 더 잘 해냅니다.

초대교회의 특징 중의 하나는 신앙의 핍박을 당한 것입니다. 사도행전은 교회가 설립되고 확장되어 가는 과정을 기록한 책입니다. 사도행전의 역사를 이어가는 초대교회의 그 시기에 어떤 현상이 생겨났습니까? 기독교가 확산되면서 로마제국의 핍박이 극에 달하기 시작합니다. 서기 4세기 초반까지 그랬습니다. 서기(AD) 313년에 콘스탄티누스 대제에 의해서 밀라노 칙령(The Edict of Milan)이 반포되기 전까지 예수님을 믿는 성도는 극심한 핍박과 박해를 당했습니다. 잡혀가거나 감옥에 가거나 매를 맞거나 심지어 죽임을 당하기까지 했습니다. 그것도 본보기로 굉장히 잔인하게 살해당하기까지 했습니다. 그것이 초대교회를 살아가는 성도들의 모습이었습니다.

예수님을 믿는 성도는 공직 진출이 금지되었고 사회적인 신분이 허락되지 않았습니다. 상거래가 금지되어 먹고살 수가 없었습니다. 생명의 위협을 느끼게 되었습니다. 그래서 예수님을 믿는 성도들은 땅속으로 들어가 숨어 지냈고 지하에 땅굴을 파고 들어가서 살았는데 지금도 그 길이와 깊이를 알 수 없을 정도의 카타콤(Catacomb)이 로마에만 세 곳 이상입니다. 인간으로서의 기본적인 삶도 포기한 채 그 땅속으로 들어간 것입니다. 오직 신앙을 지키기 위해서 모든 고난과 불편과 박해를 감수했던 것입니다(벧전 1:7).

초대교회 성도들은 그곳에서 무엇을 했습니까? 함께 살았습니다. 어떻게 함께 살았을까요? 노출되지 않고 들리지 않을 정도의 찬양과 말씀으로 이루어진 예배만이 지하 성도의 유일한 일이었습니다. 상당수의 성도들은 어떤 경우에 지하에서 나고 지하에서 살다가 지하에서 죽었습니다. 그들은 무엇을 보고 그렇게 제한적인 삶을 살았을까요? 오직 천국의 소망을 바라보고 그렇게 살아간 줄로 믿습니다(계 22:20).

우리가 이렇게 자유로운 시대에 살면서 믿음의 자유가 있고 모든 것이 편한 시대에 살다 보니 믿음이 얼마나 귀한지를 잊고 지내기 쉽습니다. 하지만 지금부터 2천 년 전의 초대교회 성도들은 믿음 하나 지키기 위해서, 또 자신이 받은 구원의 복음을 가지고 영원한 천국의 소망을 바라며 살기 위해서 자신의 모든 것들을 기꺼이 다 포기하고(눅 14:26) 땅속으로 숨어 들어갔습니다. 그 속에서 성도들은 의지할 바 없고 무엇 하나 해결할 수 있는 일이 없었지만 함께 믿음 안에서 살았습니다. 그들은 살아 계신 하나님을 찬양하고 천국을 소망하면서 함께 살았습니다. 오늘 우리 성도들도 어려울수록 서로 공존하고 공생하며 함께 살아야 합니다.

시대적으로도 그렇습니다. 1929년부터 시작된 미국의 대공황(The Great depression) 시대에는 경기 침체가 심했습니다. 미국이 1920년대 초중반까지 엄청난 경제적 호황을 누리고 주식시장이 하늘을 찔렀습니다. 국민 모두가 잘살던 미국이었습니다. 그런데 검은 목요일(Black thursday)이라고 불리는 그날, 주식 시장이 폭락합니다. 경제가 일어서지 못하게 되었습니다. 땅이 얼마나 넓으면 그곳에서 생산되는 채소, 과일, 곡식만 가지고도 미국 사람들이 먹고 남아 다른 나라에 팔 정도였습니다. 그런데 그런 미국이 빵 한 조각을 얻어먹기 위해서 사람들이 길게 줄을 설 정도로 궁핍해졌습니다. 그러면 얼마나 민심이 흉흉하고 살기가 어려워집니까?

하지만 미국이 그렇게 끝나지 않고 다시 경제가 회복되어 잘살게 되었습니다. 그런데 그렇게나 장기적인 경제 침체의 대공황 시대를 지나온 사람들이 시대를 떠올리며 한 말이 "Good old days"(그때가 좋은 날이었다)였습니다.

어디서 듣던 말 아닙니까? 지금 우리나라가 얼마나 잘 먹고 잘사는 나라가 되었습니까? 경제 규모로만 따져도 세계 10위권입니다. 실제로 삶의 질은 세계 최고 수준입니다. 우리처럼 잘 먹고 잘사는 사람들을 세계에서 찾아보기 어려울 정도입니다. 그런데 예배하러 나오신 성도들 중에는 지금이 더 좋다고 말하시는 분들이 별로 없습니다.

간혹 일상생활 중에 "아! 그때가 참 좋았다"고 하는 때가 언제입니까? 밭에서 호박, 가지, 고추 따서 집으로 돌아오는 길에 이웃을 만나면 하나씩 나누어 주다가 남는 게 없어도 그냥 좋았던 옛 시절이 있었습니다. 그때는 다 가난했습니다. 하루 벌어서 하루 먹고 사는 시대였습니다.

그때는 교회도 다른 것이 없었습니다. 성도들이 부엌에서 밥을 할 때마다 한 움큼씩 옮겨 담아 그 쌀을 성미(誠米)로 가져왔습니다. 제가 전도사 시절에 성미를 받았는데 한쪽은 하얗고 다른 쪽은 누렇게 여러 종류의 쌀이 섞여 있었습니다. 속없는 전도사의 입에는 그 밥이 별로 맛이 없었습니다. 그때 담임목사님께서 "김 전도사, 목회자는 밥을 먹는 것이 아니라 성도들의 사랑을 먹는 것이야"라고 하셨습니다. 그 말을 듣고 얼마나 부끄러웠는지 모릅니다.

사람들은 더 어렵고 더 힘들게 살았어도 그때가 좋았다고 합니다. 왜일까요? 함께 더불어 살았기 때문입니다. 그런데 지금은 그때에 비해서 얼마나 잘 먹고 잘 입고 좋은 집에서 생활하고 있습니까? 아마도 옛날 임금도 지금 우리가 먹는 음식을 다 먹지 못했을 정도로 우리는 너무나 풍요롭고 부유하게 생활하고 있습니다. 그런데 그때에 비해서 지금 더 행복해하고 있습니까? 지금이 더 좋습니까? 오늘날 현대인들은 저마다 '자기

주의', '개인주의', '이기주의'에 빠진 나머지 함께 생활하는 것을 부담스러워하고 불편해합니다. 심지어 교회 안의 성도들 사이에서도 그렇습니다.

그러나 초대교회 성도들은 그보다 훨씬 심각한 생명의 위협을 받는 상황에서도 예수님을 믿는 확고한 기준이 있었습니다. 그 기준은 바로 하나님의 말씀과 사도들의 가르침이었습니다(벧전 1:10). 특히 사도들 가운데서도 바울 사도는 교회를 개척하고 복음으로 양육한 다음에 또 다른 지역에 가서 복음을 전했습니다(롬 15:20). 왜일까요? 이방인의 사도이기 때문입니다. 그런데 자신이 개척하고 양육했던 교회와 성도들이 궁금해졌고 그들의 신앙을 점검하며 신앙을 더 고양해야 할 필요를 느꼈기에 바울 사도가 편지를 썼던 것입니다.

골로새서 4장 15-16절의 말씀을 살펴보면 "라오디게아에 있는 형제들과 눔바와 그 여자의 집에 있는 교회에 문안하고 이 편지를 너희에게서 읽은 후에 라오디게아인의 교회에서도 읽게 하고 또 라오디게아로부터 오는 편지를 너희도 읽으라"고 했습니다. 그러니까 하나님의 말씀과 사도들의 가르침은 모든 성도들이 공유한 것입니다. 그래서 모일 때마다 하나님의 말씀과 사도들이 가르쳐 준 하나님의 말씀을 듣고 배우고 또 모일 때마다 예찬을 나누었습니다. 비록 예수님을 믿는 것이 불편하고 힘들고 고난과 핍박이 다가온다 할지라도 그들은 마음을 다해 영적으로 하나 되어서 함께 살았습니다(엡 4:3).

지금 이 시대에 예수님을 믿는 성도들과 저와 여러분에게 꼭 필요한 것은 함께 살아가는 믿음입니다. 저와 여러분은 함께 사는 사람들입니다. 우리 믿음의 선진들의 모습을 보면 아무리 힘들고 어려워도 함께했던 역사들을 몇 군데 발견할 수 있습니다.

일제강점기와 해방 이후에 6.25를 겪으면서 우리 민족의 지도자였고 교회의 위대한 사역자였던 손양원 목사님을 우리는 잘 기억합니다. 이분의 별명은 '사랑의 원자탄'이었습니다. 손 목사님이 사역했던 애양원은 성경에 문둥병자로 언급된 한센인들이 집단생활을 했던 곳입니다. 손양원 목사님은 문둥병자들과 함께했습니다. 그들을 돌보고 상처를 닦아주고 심지어 고름까지 짜주었습니다.

저는 1년에 한 번씩 여수에 있는 애양원을 방문했습니다. 손양원 목사님의 이야기를 들어보면 나중에 목사님이 스스로 자청하여 한센인이 되었다는 설이 거의 정확합니다. 왜 이처럼 손 목사님은 자신을 희생했을까요? 그분들과 함께하기 위해서입니다. 예수 그리스도의 심장과 예수 그리스도의 사랑을 가지고(빌 1:8) 그들과 함께하기 위해서 스스로 한센인이 된 것입니다.

전남 영광 지역에 있는 염산교회는 77명의 순교자가 나온 국내 최대의 순교교회입니다. 그 당시에 사역하셨던 김방호 목사님은 공산군의 위협이 점점 다가오는 상황에 있었습니다. 목사님이 죽는 것은 시간문제였습니다. 교회 성도들이 목사님을 피신시키고자 작은 배를 준비했습니다.

"목사님! 목사님! 잠시 목사님 몸을 피신했다가 잠잠해지면 다시 오십시오. 밖에 배를 준비해 두었으니 어서 가시지요."

그러나 목사님은 거절하셨습니다. 목사님은 얼마든지 위급한 상황을 피해 목숨을 보호할 수 있었음에도 불구하고 이를 단호히 거절하시고 염산교회 성도들과 함께 교회를 지키다가 결국 사모님과 자녀들까지 함께 순교의 피를 흘리셨습니다.

또 강계성 장로님의 이야기를 듣고 얼마나 감동했는지 모릅니다. 강계성 장로님은 주기철 목사님과 연결된 분입니다. 주기철 목사님이 부산 초량교회 사역을 하셨는데 그 교회는 한국 기독교 역사를 한눈에 볼 수 있는 매우 중요한 교회입니다. 그 부산 초량교회에 젊은 주기철 목사님이 부임해 왔는데, 목사님은 우리가 너무나 잘 알다시피 신사참배를 거부하고 일사각오(一死覺悟)의 순교신앙을 가진 분이십니다. 그 목사님의 신앙과 인품이 강계성 장로님의 마음에 감동과 영향을 주었습니다.

나중에 주기철 목사님은 몇 군데 교회를 거쳐서 평양 산정현교회로 부임하셨습니다. 강계성 장로님도 신학을 공부하고 전도사가 되어 몇몇 교회를 거쳤습니다. 주기철 목사님께서 평양 산정현교회로 가셨다는 소식을 듣고 강 장로님도 그 교회의 전도사가 되어 주기철 목사님의 사역을 도왔습니다. 그런데 주기철 목사님이 일사각오의 설교를 한 다음에 일본 경찰에 의해 잡혀가 감옥에 갇히게 되었습니다. 감옥에 갇혀 있는 주기철 목사님을 따라 강 장로님도 스스로 그 신앙을 따라 감옥에 들어가 주기철 목사님을 돌보았으며 목사님이 순교할 때까지 함께하셨습니다. 강계성 장로님은 그 자리에서 순교하지 아니하고 해방 후에 다른 사역을 이어갔습니다.

이처럼 힘들고 어려운 시대에는 오히려 함께하는 일이 필요하고 예수님을 믿는 성도는 믿음 안에서 서로 하나 되어 함께 살아가야 합니다(고전 1:10). 영광대교회를 설립한 '유진벨' 선교사님과 '린튼' 선교사님의 이야기는 너무나 유명합니다. 현재 그분들의 후손인 인요한 교수님은 연세대 의대 교수로 재직하셨고 유진벨 선교사님의 4대손입니다. 유진벨 선교사님의 외증손 격입니다. 지금은 5대째에 이르기까지 유진벨 선교사님과 린튼 선교사님의 가문은 목회와 교육, 의료 사업을 통해서 5대째 한국인과 함께 살고 있는, 공존공생의 상징적인 그리스도인이 되었습니다. 저는 유진벨 선교사님이 세운 광주숭일학교에서 예수님을 믿는 신앙의 계기를 갖게 되었습니다.

우리는 서로에게 얼마나 소중한 존재인가를 알아야 합니다. 고린도전서 12장 27절을 보면 "너희는 그리스도의 몸이요 지체의 각 부분이라"고 했습니다. 저와 여러분은 예수 그리스도와 연합하여 한 몸 된 사람입니다. 개인적으로 한 사람 한 사람이 예수 그리스도와 연합하여 예수님과 한 몸 된 사람이고, 그런 우리들이 모여서 그리스도의 몸이요 지체의 각 부분이 되었습니다.

이미 우리는 그리스도를 통해서 함께 살아가고 있는 공존공생의 존재입니다. 그러므로 성도는 혼자 살지 않고 서로를 위해 헌신해야 합니다. 성도의 진정한 공존은 천국에서 이루어집니다. 우리가 함께 사는 것은 천국에서 이루어집니다. 시간으로 따지면 영원한 시간입니다. 우리가 사람의 몸을 입고 이 땅에서 살아가는 시간은 순간입니다. 그야말로 빨리 지나갑니다. 성경적 표현대로 하면 베틀의 북처럼 금방 지나갑니다(욥 7:6). 그것이 우리가 육체로 살아가는 시간입니다. 너무 짧은 시간입니다(시 90:9). 그런데 우리가 죽은 후 기다리고 계시는 우리 주님께서 예비하신 영원한 천국은 말 그대로 영원한 곳입니다(벧후 3:8). 우리는 멈추지 않는 시간 동안 영원토록 함께 천국에서 살게 됩니다.

우리 성도들은 천국까지 함께 갈 사람으로서 매우 특별한 관계임을 알아야 합니다(엡 2:19). 그러므로 우리는 서로 이 땅에서 모른 척하면서 홀로 살면 안 됩니다. 함께 살아야 합니다. 저와 여러분은 각각 다릅니다. 제각기 다른 모습과 특징을 지닌 특별한 존재입니다. 하지만 공통점은 하나님의 형상을 지닌 거룩한 피조물이라는 사실입니다(창 1:26). 그래서 복음이 필요한 자에게 복음을 주고 물질이 필요한 자에게는 물질을 주고 사랑이 필요한 자에게는 사랑을 나누면서 공존해야 합니다.

그렇다면 성도는 "네 이웃 사랑하기를 네 몸과 같이 하라"(막 12:31)는 우리 주님의 말씀대로 어떻게 사랑으로 공존할 수 있을까요? 답은 성경에 있습니다. 고린도전서 13장 4-7절에 이렇게 사랑을 정의합니다.

"사랑은 오래 참습니다. 온유합니다. 시기하지 않습니다. 자랑하지 않습니다. 교만하지 않습니다. 사랑은 무례히 행하지 않습니다. 자기의 유익을 구하지 않습니다. 성내지 않습니다. 악한 것을 생각하지 않습니다. 불의를 기뻐하지 않습니다. 진리와 함께 기뻐합니다. 모든 것을 참고 믿고 바라며 견딥니다."

우리는 이런 사랑의 모습을 가지고 함께 살아가야 합니다.

서로 사랑하시기를 주님의 이름으로 축원합니다. 사랑으로 형제, 이웃과 서로 공존하고 공생하시기를 바랍니다. 지금 우리가 살아가는 이 시대는 공존이라는 단어, 공생이라는 단어와 매우 어울리지 않는 시대입니다. 지금은 공존하기가 어렵습니다.

이런 때 우리 그리스도인들이 어떻게 살아야 할까요? 우리 주님이 말씀하신 "네 이웃을 네 몸과 같이 사랑하라"(마 22:39)가 삶이 되시길 바랍니다. 네 이웃을 네 몸과 같이 사랑하면서 함께 살고 공존하며 공생하길 바랍니다. 우리 주님의 가르침과 하나님의 말씀을 따라 저와 여러분이 이 시대에 신앙과 영적으로 진정한 공존과 공생의 사람이 되시기를 주님의 이름으로 축원합니다.

겸손 Humility

베드로전서 5:6-7

"그러므로 하나님의 능하신 손 아래에서 겸손하라 때가 되면 너희를 높이시리라 너희 염려를 다 주께 맡기라 이는 그가 너희를 돌보심이라."

성경에 등장하는 단어 가운데 괄목할 만한 단어가 '겸손'(Humility)입니다. 너무나 중요하기에 빼놓을 수가 없습니다. '겸손'이라는 단어는 '남을 존중하고 자기를 낮추는 태도'를 말합니다. 또한 남을 높여서 귀하게 여기고 자신은 낮추는 태도를 가리키기도 합니다. 이런 의미에서 겸손하신 예수님을 섬기는 성도 된 우리들에게 꼭 필요한 것이 겸손입니다. 성도는 겸손을 어떻게 이해하고 받아들여야 할까요?

우리는 계속해서 이 시대의 주목받는 중요 단어를 통해서 성도들의 신앙적인 삶의 방향을 살펴보고 있습니다. 이러한 단어는 이 시대를 살아가며 느끼는 교양과 인격의 사회적인 언어입니다. 예수님을 믿지 않는 사람들도 이와 같은 단어에 집중하고 이런 단어의 가치를 인정하며 어떤 의미가 있는가를 한번쯤 더 생각해보는 시대이기도 합니다. 우리는 예수님을 믿는 성도로서 신앙적으로 다르고 구별되게 살아가야 할 거듭난 사람이기 때문에(엡 5:22-23) 이와 같은 단어를 어떻게 이해하는가는 매우 중요한 문제입니다. 우리 모두는 주님께서 가르쳐 주신 말씀을 통해서 성도들의 삶의 가치와 방향을 생각해보는 지혜가 필요합니다.

요한복음 13장 34-35절에 "새 계명을 너희에게 주노니 서로 사랑하라 내가 너희를 사랑한 것같이 너희도 서로 사랑하라 너희가 서로 사랑하면 이로써 모든 사람이 너희가 내 제자인 줄 알리라"고 했고, 마태복음 22장 39절에서도 "네 이웃을 네 자신 같이 사랑하라"고 명령했습니다.

이는 형제와 이웃에 대한 사랑과 하나님에 대한 사랑이 근본이라고 강조하는 말씀입니다. 성도는 이와 같은 배경에서 일상적으로 쓰는 언어를 다르게 해석하고 신앙적인 관점에서 이해해야 합니다.

이번에는 '겸손'을 키워드로 해서 두 가지 관점으로 살펴보려 합니다.

첫째로, 성도는 하나님에 대하여 겸손해야 합니다.

하나님께 겸손하시기를 바랍니다. 베드로전서 5장 6절을 보면 "그러므로 하나님의 능하신 손 아래에서 겸손하라 때가 되면 너희를 높이시리라"라고 했습니다. 계속되는 7절 말씀을 주목할 필요가 있는데 "너희 염려를 다 주께 맡기라 이는 그가 너희를 돌보심이라"고 강조했습니다.

사람의 일생을 표현하는 여러 가지 말을 정리하면

대체적으로 '염려', '걱정', '근심'과 같은 단어들입니다. 살아가는 동안에는 이런 단어들이 우리를 떠나지 않습니다. 문제는, 우리가 살아가는 동안, 모든 염려와 걱정, 근심을 다 내 것으로 안고 힘겹게 살아간다는 점입니다(빌 4:6). 그 결과 우리는 염려와 걱정과 근심의 올무에 갇혀서 평생 그것을 벗어나지 못하고 고통 속에서 살아가게 됩니다. 즉 여러 염려와 근심과 걱정은 우리의 인생을 끝없이 따라다니게 되는 것입니다(마 6:31-32).

또한 이 세상의 어떤 주의나 사상, 철학과 모든 환경과 문화 활동 전부가 이런 염려 속에 영향을 받습니다. 긍정적인 것을 찾아보기가 쉽지 않을 정도입니다. 사람들의 말을 들으면 다 망한다는 소리밖에 안 들립니다. 여러분! 죄악 된 인간의 품성에서 무엇이 나오겠습니까? 결국 부정적인 죄악과 고통의 열매들을 맺을 수밖에 없습니다(롬 8:6).

본문 말씀의 진정한 의도는 너희가 겸손하다면 하나님께 다 맡겨버리라는 것입니다. 우리가 하나님께 맡긴다는 것은 하나님에 대한 전적인 신뢰가 있을 때 가능합니다(창 18:14). 믿을 수 있어야 맡기게 됩니다. 하나님의 능력과 사랑과 선하신 뜻에 대한 우리들의 신앙적 확신이 없다면 우리의 인생을 짓누르는 염려와 걱정, 근심을 어떻게 하나님께 맡길 수 있겠습니까?

이자율이 높지 않음에도 은행에 가는 이유는 무엇입니까? 돈과 재정에 있어서 은행이 가장 믿을 만하기 때문에 맡기는 것입니다. 은행을 신뢰하지 못하는 분들은 아마도 집에 가면 현금이 많이 있을 것입니다. 은행에 대한 믿음이 없기 때문입니다. 요즘은 예전에 비하면 좋아졌지만 제가 청년 시절 때만 해도 월급을 받으면 자동이체가 되던 때가 아니었기에 월급 봉투 받는 재미가 있었습니다. 월급 봉투를 가져오면 기본적인 생활비를 제외하고 남는 돈을 믿을 만한 사람에게 맡깁니다. 그러면 그 모인 돈들을 적절하게 운용하여 조금이라도 더 재산을 늘리기 위해 애쓰던 풋풋한 시절을 살았습니다. 하지만 믿을 만하다고 생각한 사람한테 돈을 맡겼다가 문제가 생기는 경우도 자주 발생하곤 했습니다.

다 주께 맡겨 버리라고 하는 것은 어떤 상황에서도 믿을 수 있기 때문이고, 결코 문제가 생기는 분이 아니기 때문입니다. 우리가 신앙하는 하나님은 어떤 경우에도 우리를 사랑하고, 축복하며, 구원하시는 신실하신 분이시기 때문에 우리가 가진 모든 염려를 다 주께 맡길 수 있는 것입니다(시 105:8).

즉 하나님을 인정하는 것은 하나님이 어떤 분인가를 분명히 알고 내가 그 아래 있음을 인정하며 하나님께 맡기는 것입니다. 이것이 바로 겸손입니다.

겸손한 성도는 하나님 앞에 우리가 가지고 있는 능력과 지식과 건강과 물질과 권세를 어떤 경우에도 자랑해서는 안 됩니다(약 4:13-14). 아무리 대단한 능력이 있고, 대단한 지식이 있고, 대단히 건강하며, 대단한 물질이 있고, 대단한 권세가 있다 할지라도 하나님 앞에서는 이를 자랑할 수 없습니다(전 8:7). 왜냐하면 하나님께서 모든 것을 지으시고 소유하신 분이기 때문입니다.

그뿐만 아니라 하나님께서는 우리가 가시적으로 필요한 육적인 것과 눈에 보이는 것들과 모든 신령한 복까지도 주시기 때문입니다. "찬송하리로다 하나님 곧 우리 주 예수 그리스도의 아버지께서 그리스도 안에서 하늘에 속한 모든 신령한 복을 우리에게 주시되"(엡 1:3)라고 했습니다. 그러므로 성도는 하나님 앞에서 겸손해야 합니다. 예수님을 믿는 성도가 겸손이라는 단어를 떠올릴 때 취해야 할 태도는 하나님 앞에 겸손해야 한다는 것입니다(삼상 13:13-14). 하나님 앞에 겸손합시다. 하나님 앞에 겸손하시기를 축원합니다.

하나님을 높여 존귀히 여기고 그 앞에서 나를 낮추어야 합니다. 이것이 바로 하나님을 향한 성도의 겸손입니다. 시편 149편 4절에 "여호와께서는 자기 백성을 기뻐하시며 겸손한 자를 구원으로 아름답게 하심이로다"라고 했습니다. 하나님은 겸손한 자를 기뻐하십니다. 욥기 22장 29절에도 "사람들이 너를 낮추거든 너는 교만했노라고 말하라 하나님은 겸손한 자를 구원하시리라"고 했으며, 야고보서 4장 10절에서는 "주 앞에서 낮추라 그리하면 주께서 너희를 높이시리라"고 강조하셨습니다.

하나님께서는 사람을 지으시고 창조주 하나님과 피조물인 인간 사이의 경계를 분명하게 하셨습니다. 하나님은 피조물 된 저와 여러분을 너무나 아끼고 사랑하십니다(요 3:16). 그래서 하나님의 형상으로 지음받은 아담과 함께 교제하시고, 아담에게 모든 것들을 다 제공해 주셨습니다. 그렇지만 하나님은 창조주이시고 사람인 아담은 피조물입니다.

결국 창조주 하나님과 피조물 인간의 경계를 정하셨는데 그것이 성경에 기록된 선악을 알게 하는 나무의 실과입니다. 사람은 어떤 경우에도 선악을 알게 하는 나무의 실과를 먹지 않아야 하고 만약에 먹으면 반드시 죽게 되었습니다. 이것이 창조주 하나님께서 피조물 된 아담에게 경계를 넘지 말라고 정하신 법입니다. 이것을 어기면 반드시 죽게 됩니다.

창세기 2장 16-17절에 "여호와 하나님이 그 사람에게 명하여 이르시되 동산 각종 나무의 열매는 네가 임의로 먹되 선악을 알게 하는 나무의 열매는 먹지 말라 네가 먹는 날에는 반드시 죽으리라 하시니라"고 말씀했습니다. 이것이 창조주 하나님과 피조물 인간의 분명한 경계입니다. 어떤 경우에도 하나님을 넘어서지 않는 것을 '겸손'이라고 하고, 하나님을 넘어서는 것을 '교만'이라고 합니다. 그런데 하나님께서는 어떤 경우에도 교만을 용납하지 않으십니다. 하나님은 교만한 자의 목을 꺾으시고 반드시 벌하고 멸하십니다(마 23:12). 우리들도 때로는 일이 잘될 때도 있고 좀 어려울 때도 있습니다. 사람은 잘되면 교만하고 잘못되면 비굴해질 가능성이 많은 존재입니다. 그런데 특별히 잘되면 문제가 생깁니다. 이는 영적인 부분입니다.

남왕국 유다의 열 번째 임금은 웃시야 왕이었습니다. 웃시야는 16살에 왕이 됩니다(대하 26:1). 할 수만 있으면 지혜가 있고 용감하고 담대하고 또 사려가 깊고 정치력이 강하면 좋았겠지만 아직 어리고 경험이 부족한 그에게는 쉽지 않은 일이었습니다. 이에 하나님께서 스가랴 선지자를 왕 옆에 보내십니다. 그리고 스가랴를 통해서 말씀하셨습니다. 그 당시 선지자의 말은 하나님의 말씀과 동등한 권위로 받아들여졌습니다. 웃시야는 스가랴 선지자가 한 말을 잘 듣고 지켜 행했습니다.

성경의 원리가 이것입니다. 웃시야는 스가랴 선지자를 통해 전해진 하나님의 말씀을 잘 듣고 지켜 행함으로 선정을 베풀게 되었습니다. 정치를 잘하고 국방·외교적으로도 이스라엘을 괴롭히던 블레셋과 아라비아 지역까지 평정하게 됩니다. 사실 남왕국 유다는 북왕국 이스라엘에 비해서 영토나 세력에 있어서 굉장히 작습니다. 확장성이 지극히 제한된 나라가 남왕국 유다입니다. 남쪽으로 갈수록 사막밖에 없습니다. 남왕국 유다에서는 크게 무엇을 기대할 수가 없습니다.

그런데 문제가 발생했습니다. 역대하 26장 16절을 보면 "그가 강성하여지매 그의 마음이 교만하여 악을 행하여 그의 하나님 여호와께 범죄하되 곧 여호와의 성전에 들어가서 향단에 분향하려 한지라"라고 고발한 내용이 나옵니다. '그가 강성하여지매 그의 마음이 교만해졌다'고 지적합니다. 우리 인간이 이러합니다. 조금만 잘되고 형통해지면 교만하여 악을 행해서 여호와 하나님께 범죄합니다(잠 16:18). 강성해지고 잘되고 좋아지면 우리 인간 존재가 교만해질 가능성이 굉장히 높고 실제로 그렇습니다. 강성해지니 교만이 찾아왔고 대제사장에게 주어진 향단 분향을 임의로 하는 교만을 범하고 말았습니다.

하나님께는 영적인 흐름을 이어가는 하나님만의 방식이 있으십니다. 그것은 하나님께서 주신 명령과 계명을 듣고 지켜 행하면 복을 주신다는 것입니다(신 28:1-2; 수 1:8). 또 하나님께서 주신 명령을 듣고 지켜 행하지 않으면 벌을 주십니다(신 28:20-24). 하나님은 이 원리를 버리지 않으십니다. 그래서 구약의 이스라엘 백성들이 하나님의 명령을 듣고 지켜 행할 때는 반드시 복을 주셨지만 그렇지 않으면 벌하셨습니다. 특별히 하나님께 제사하는 제사 제도와 성전에서 일어나는 일에 대해서는 우리가 생각하는 것보다 훨씬 더 강력하게 대처하십니다.

구약의 성전은 구속사적인 의미로 볼 때 신약의 예수님과 교회와 예배 등을 상징하고 모형적 기능을 갖습니다(고전 3:16). 하나님께서 지금 이 시대에 우리가 드리는 교회의 예배를 얼마나 소중히 여기시는지를 성도는 알고 실천해야 합니다. 구약 시대에 제사 문제가 생길 때에는 책임을 물으셨는데 심지어 그 자리에서 즉시 죽이기까지 할 정도로 엄격하게 대하셨습니다(삼하 6:7).

웃시야는 왕으로 기름 부어 세움받은 하나님의 종이었습니다. 왕과 제사장과 선지자를 기름 부어 세우셨지만 각각의 역할과 기능은 다릅니다. 하나님을 제사하는 일에 기름 부음 받은 사람은 제사장입니다. 아론의 반차를 좇아 대제사장의 반열에서 향단에 분향하는 책임을 맡은 것입니다. 그런데 웃시야가 교만해진 나머지 하나님의 명령과 뜻을 어기고 분향하려고 했습니다. 이것은 죽을 줄 모르고 한 무모한 행동이었고 죄악이었습니다. 결과가 어떻게 되었습니까? 웃시야는 당시에 저주받은 천벌로 인식되었던 문둥병이 생겨서 죽을 때까지 심하게 앓다가 고독하게 죽었습니다(대하 26:21).

우리 인간 존재는 참 안타까울 때가 많습니다. 강성하고 형통하면 하나님을 대적하는 교만이 찾아오고, 반대로 연약해지면 다른 신을 섬기는 우상숭배의 유혹이 찾아옵니다. 출애굽기 20장 3절에 "너는 나 외에는 다른 신들을 네게 두지 말라"고 했습니다. 이는 하나님이 아닌 다른 신이란 결코 없다는 뜻입니다. '존재하지 않는 것을 신으로 만들어 섬기지 말라', '너희들과 온 세상의 신은 오직 한 분 하나님밖에 없다', '그러니 다른 신을 만들지 말고 섬기지 말라'는 의미입니다.

이사야 45장 9절을 보면 질그릇과 관계된 관련된 말씀이 나옵니다. "질그릇 조각 중 한 조각 같은 자가 자기를 지으신 이와 더불어 다툴진대 화 있을진저 진흙이 토기장이에게 너는 무엇을 만드느냐 또는 네가 만든 것이 그는 손이 없다 말할 수 있겠느냐"라고 했습니다. 다시 말하면 진흙이 진흙을 가지고 그릇을 만드는 토기장이에게 너는 물건을 왜 그따위로 만드느냐고 감히 말할 수 없다는 것입니다. 그것처럼 성도도 하나님에 대하여 결코 왈가왈부하거나 불평할 수 없다는 사실입니다. 그것은 전적인 하나님의 절대주권을 무시하며 도전하는 죄악이기 때문입니다.

우리는 오직 하나님 앞에서 잠잠하고 경외하고 겸손해야 합니다(합 2:20). 성도는 강성할수록 오히려 하나님 앞에 감사하며 겸손해야 합니다(벧전 5:6). 혹 연약할 때도 하나님께 맡기는 겸손이 필요합니다.

그러므로 성도는 강하든 약하든 하나님 앞에서는 겸손해야 합니다(잠 3:34; 약 4:6). 그것이 우리의 살 길이고 하나님께 영광 돌리는 첩경입니다. 하나님 앞에 교만하면 죽게 됩니다. 그런데 나도 모르게 하나님 앞에 교만이 올라옵니다. 나는 모르나 밖에서 보면 알 수 있습니다. 교만은 나는 눈치 채지 못하는데 다른 사람은 다 압니다. 참 이상합니다. 나만 모릅니다. 그러니 교만한 것입니다.

둘째로, 사람과 관련해 형제와 이웃에 대하여 겸손해야 합니다.

빌립보서 2장 3절에 "아무 일에든지 다툼이나 허영으로 하지 말고 오직 겸손한 마음으로 각각 자기보다 남을 낫게 여기고"라고 말씀했습니다.

사랑하는 여러분! 예수님을 믿는 성도는 사람에 대하여 겸손해야 합니다. 특별히 성도는 교회 안에서 성도들 사이에서 겸손해야 합니다. 이는 굉장히 중요한 의무입니다.

성도는 예배당을 벗어나 활동하는 사회적 영역에서 각각의 위치가 다릅니다. 우리가 가진 것도 다르고 역할도 다르고 위치도 다릅니다. 그러나 교회 안에 들어오면 모두 다 똑같은 한 믿음의 형제와 자매가 됩니다. 그러므로 교회 안에서는 세상적으로 가지고 있는 사회적 지위나 물질이나 능력이 많다고 해서 우월하게 교만할 필요도 없고 상대적으로 열등하다며 죄책감에 시달릴 필요도 없습니다. 왜냐하면 주 안에서 다 같은 가족이며 지체이기 때문입니다. 우리는 동일한 믿음의 형제와 자매입니다(시 133:1; 막 3:35). 이런 점에서 교회 안에서는 세상의 직분이나 직책을 부르는 것은 마땅하지 않습니다. 교회에서는 교회의 직분으로 호칭하는 것이 마땅합니다. 교회의 모든 직분은 계급이 아니라 역할과 직무이기 때문에 마땅히 하나님이 주신 역할과 직무를 호칭하는 것이 바르고 당연합니다.

단적으로 대통령이 회개하여 예수님을 인격적으로 믿어 구원받아 우리 교회 예배에 참석한다 하더라도 그분을 예배 시간에 대통령님이라고 부르는 것은 합당하지 않습니다. 개인적으로는 얼마든지 존경하고 교제할 수 있지만, 그분이 가진 지위 때문에 교회 안에서 어느 누가 더 열등하거나 어느 누가 더 우월하지는 않습니다. 모두 다 같다는 말입니다.

그래서 교회 안에서는 성도들 사이에서 서로 겸손해야 합니다. 겸손을 말할 때 함께 등장하는 단어는 교만입니다. 교만은 언제나 짝꿍처럼 평생 나를 따라다닙니다. 교만은 나를 떠나지 않으려고 합니다. 교만을 떼어내는 것은 굉장히 어려운 일입니다. 교만을 떨치고 겸손하게 산다는 것은 결코 쉬운 일이 아닙니다. 보통의 믿음과 인격을 가지고는 사람에 대하여 겸손하기 어렵습니다. 자기보다 남을 낫게 여기라는 말씀대로(빌 2:3) 상대방을 높이며 살기란 어려운 일입니다. 우리 인간의 죄악 된 본성이 그렇습니다. 우리가 원래 틀린 존재들입니다. 바로 죄 때문입니다(롬 3:10). 우리는 원래 해결 방법이 없는 무능한 존재입니다.

그런데 하나님께서 우리를 사랑하심으로 예수 그리스도를 이 땅에 보내시고 우리를 구원하셔서 전혀 다른 존재가 되게 하셨습니다(요 3:16). 그래서 예수님을 믿는 성도는 새로운 삶의 체계 안으로 들어온 자가 되었고 보통으로는 힘든 겸손이 가능한 자가 되었습니다. 그래서 하나님께서는 성도를 향해 겸손하라고 가르치십니다. 잠언 18장 12절에 "사람의 마음의 교만은 멸망의 선봉이요 겸손은 존귀의 길잡이니라"고 했습니다. 교만하면 잘될 것 같지만 오히려 멸망하기 쉽습니다. 상대적으로 겸손하면 무시당할 것 같지만 존귀하게 됩니다. 누가복음 14장 11절에 "무릇 자기를 높이는 자는 낮아지고 자기를 낮추는 자는 높아지리라"고 했습니다. 예수님을 믿는 성도는 하나님 앞에서 자기 자신을 낮추어야 하지만 또한 사람 앞에서도 자신을 낮출 수 있어야 합니다.

하나님께서 우리에게 무엇을 주셨습니까? 능력, 지식, 건강, 물질, 권세 등은 우리가 소원하는, 필요한 것들입니다. 우리는 그것들이 필요해서 하나님에게 구하고 하나님은 때를 따라 우리들에게 그것을 주십니다. 그런데 하나님이 나에게 주신 능력과 지식과 건강과 물질과 권세 때문에 사람 앞에 교만하면 안 된다는 것입니다. 하나님께서 나에게 주신 능력과 지식과 건강과 물질과 권세로 형제와 이웃을 섬기는 겸손한 태도가 필요합니다(행 2:43-45). 그러나 그런 것들이 주어졌을 때 다른 형제와 이웃에게 겸손한다는 것은 말처럼 쉽지만은 않습니다.

제가 목회하던 중에 경험한 성도님의 이야기입니다. 어느 날 그분의 태도가 확 바뀌었습니다. 아이들을 기르며 생활이 어려운 가정이었음에도 태도가 확 바뀌었습니다. 왜 이렇게 변화되었을까 봤더니 그 집의 물질적인 환경이 달라진 것입니다. 갑자기 부유해졌습니다. 굉장한 교만함이 느껴질 정도였습니다. 안타까운 마음에 저러면 안 되는데 하는 생각이 들었고 걱정이 될 정도였습니다.

하나님께서 나에게 주시는 능력과 지식과 건강과 물질과 권세를 어떻게 이해해야 할까요? 모든 것을 이해하는 성도의 바른 자세는 은사, 곧 나에게 주시는 은사입니다(롬 8:32). 하나님께서 나에게 주신 은사 때문에 교만하면 안 됩니다. 나에게 주신 은사를 겸손하게 감당하는 성도가 되시기를 바랍니다.

또 하나 중요한 점은 겸손을 가장한 교만이 있다는 것입니다. 겸손을 가장한 교만에 주의해야 합니다(고후 12:7). 내 생각과 내 의지가 나를 지배하여 나에게 주신 은사를 거부한다면 그것은 겸손하지 않고 교만한 것이 됩니다. 하나님이 필요해서 주신 것으로 주님의 몸 된 교회나 사회에 봉사하고 섬기며 나누어 쓰라고 하셨는데 그것을 거절하고 이기적으로 사용하는 것은 심각한 영적 교만이 아닐 수 없습니다.

교회 안에서 그런 경우가 참 많습니다. 어떤 분을 참 겸손하다고 생각했었는데 실제로는 끝까지 고집을 부리는 분들이 있습니다. 그것은 겸손을 가장한 지독한 교만입니다. 성도는 하나님께서 각자에게 주신 것 때문에 교만하지 않고, 각자에게 없는 것 때문에 비굴하면 안 됩니다(삼상 15:19). 성도는 각자에게 주신 것을 가지고 하나님께 감사하며 사람에게 봉사해야 합니다 (벧전 4:10-11).

우리는 겸손하기 위해서 어떻게 해야 할까요? 겸손하기 위해서 그리스도처럼 멍에를 메야 하고 어린아이처럼 주님 앞으로 달려가 기도해야 합니다. 성도는 겸손하기 위해서 서로 발을 씻겨주기도 하고(요 13:14) 오래 참기도 하며 사랑으로 용납해야 합니다(엡 4:32). 시편 22편 26절을 보면 "겸손한 자는 먹고 배부를 것이며 여호와를 찾는 자는 그를 찬송할 것이라 너희 마음은 영원히 살지어다"라고 하였고, 잠언 29장 23절에서는 "사람이 교만하면 낮아지게 되겠고 마음이 겸손하면 영예를 얻으리라"고 말씀했습니다.

저와 여러분 모두가 천국에 없는 교만을 이 땅에서도 버리시기 바랍니다. 그리고 하나님께서 기뻐하시며 상 주시는 겸손한 성도가 되시기를 바랍니다. 하나님이 상 주시는 분들은 겸손한 분들입니다(히 11:6). 하나님께도 겸손하고 이웃에게도 겸손한 사람이 되어서 하나님께 기쁨이 되고 이 땅에서 하나님이 주시는 여러 축복의 주인공이 되시기를 주님의 이름으로 축원합니다!

나눔 Sharing

사무엘상 18:1-5

"다윗이 사울에게 말하기를 마치매 요나단의 마음이 다윗의 마음과 하나가 되어 요나단이 그를 자기 생명 같이 사랑하니라 그 날에 사울은 다윗을 머무르게 하고 그의 아버지의 집으로 다시 돌아가기를 허락하지 아니하였고 요나단은 다윗을 자기 생명 같이 사랑하여 더불어 언약을 맺었으며 요나단이 자기가 입었던 겉옷을 벗어 다윗에게 주었고 자기의 군복과 칼과 활과 띠도 그리하였더라 다윗은 사울이 보내는 곳마다 가서 지혜롭게 행하매 사울이 그를 군대의 장으로 삼았더니 온 백성이 합당히 여겼고 사울의 신하들도 합당히 여겼더라."

지금까지 나눠온 키워드들은 요즘 일반적으로 많이 사용하는 단어들입니다. 사람들이 많이 사용하는 단어들이고 사회적인 언어이기도 합니다. 그렇지만 이런 언어들은 예수님을 믿는 성도로서 우리가 신앙적인 관점에서 어떻게 판단하며 생활할 것인가에 대한 생각을 가지게 하는 긍정적인 요소가 있습니다. 그 이유는 단어와 말은 단순한 신호와 의미만을 나타나는 것이 아니라 본질적으로 철학과 세계관과 종교성까지 포함하고 있기 때문입니다. 즉 각각의 중요한 단어들은 결국 우리가 어떤 사람으로 살아야 할 것인가에 대한 동기 부여와 삶의 목적과 방법에 지대한 영향을 끼치는 요소입니다.

이는 결국 성도들의 삶의 방향을 바르게 세우게 합니다. 우리가 똑같은 단어라도 신앙적인 차원으로 그 단어의 의미를 살피면 '내가 어떻게 살아야 되겠구나' 하며 마음이 정리가 됩니다. 두말할 것도 없이 주님께서는 "서로 사랑하라 내가 너희를 사랑한 것같이 너희도 서로 사랑하라"고 말씀하셨습니다(요 13:34). 우리는

"네 이웃 사랑하기를 네 몸과 같이 하라"고 말씀하신 주님의 가르침을 따라서 이러한 사회적인 언어들의 체계 속에서 이를 어떻게 의미 있게 해석하고 살아갈 것인가에 대한 방향을 정하는 것입니다. 그래서 우리가 일상적으로 쓰는 언어이지만 예수님을 믿는 구별된 성도이기 때문에 세상과는 다르게 이해하고 해석해야 합니다.

이번에 살펴볼 키워드는 '나눔'(Sharing)입니다. 나누는 것입니다. 요즘 나눔에 대한 이야기가 많습니다. 일반적으로 나누고 섬긴다고 하면 지갑에서 돈을 꺼내 누군가를 돕고 나누는 정도로만 생각하는 경향이 있습니다. 나눔이라는 단어는 '갈라져서 떨어지거나 분류된다'는 뜻을 가지고 있습니다. 한 가지 일을 여럿씩 나누어야 한다고 표현합니다. 명절이 되면 가족들이 더 생각나고 모여서 함께하게 됨은 피를 나누었기 때문입니다. 이 '피를 나눈다'는 말은 중요한 표현입니다. 가족들 중에 어려움이 생겨서 건강에 치명적인 손상을 입는 문제가 생겼을 때 피도 뽑아주고 신체 장기도 내어주며 나누기까지 합니다. 이런 나눔은 매우 특별한 의미가 있습니다.

일을 나누고 은사를 나누는 사람들을 동역자라고 합니다. 즉 은사를 함께 나누는 것입니다. 물질을 나누고 시간을 나눕니다. 물질을 나눈다는 것은 결코 쉽지 않습니다. 마음이 열려야 지갑이 열리는 것입니다. 또한 누군가 만나서 함께 시간을 나누며 공유한다는 것도 쉽지 않습니다. 요즘같이 바쁜 시대에 누군가에게 시간을 내기란 결코 쉽지 않습니다. 대체적으로 나눈다는 것은 사랑에 근거한 희생을 전제하는 것입니다(눅 3:11). 그 근본에 사랑이 있습니다.

사무엘상 17장에서는 블레셋이 항상 이스라엘의 문젯거리라고 합니다. 블레셋은 이스라엘과 접경에 있어서 자주 쳐들어오고 전쟁을 하는 사이였습니다. 그런데 그 블레셋과의 전쟁에서 이스라엘이 도무지 힘을 쓰지 못하는 상황이 되었습니다. '골리앗'이라는 사람 때문이었습니다. 골리앗은 일반적인 사람이 감히 상대할 수 없는 거인이었습니다. 그런데 사무엘상 17장에서 다윗이 골리앗과 싸워서 이겨버립니다. 엄청난 일이 일어난 것입니다. 우리는 다윗을 응원하고 그가 골리앗을 이긴다는 사실도 인지하고 있기 때문에 이 승리를 당연하게 받아들입니다. 하지만 사실 상대하기 어렵고 힘든 사람이나 상황을 만나면 다윗과 골리앗의 싸움이라고 많이 표현할 정도로 이것은 불가능한 싸움이었고 불가능한 승리였습니다.

애초에 다윗과 골리앗은 싸움 상대가 안 되었습니다. 객관적인 전력을 견주어 볼 때 도저히 싸움이 될 수 없었습니다. 그런데 우리는 다윗이 골리앗과 능히 싸울 수 있다고 생각합니다. 결코 그럴 수 없습니다. 그런데 놀랍게도 그런 불가능한 일이 사무엘상 17장에서 일어났습니다. 다윗이 골리앗을 물리치고 승리한 반전이 일어났습니다. 결국 다윗이 골리앗을 물리치고 일약 이스라엘의 영웅이 되었습니다(삼상 18:7). 근래 아이들과 많은 분들이 좋아한 〈어벤져스〉라는 영화가 있습니다. 다윗은 그 영화의 주인공 같은 초능력자가 아닌 그저 평범한 사람이었습니다.

17장 이전을 살펴보면 다윗이 가정에서 어떤 취급을 받았는가를 알 수 있습니다. 사무엘 선지자는 교만한 사울 왕의 시대가 끝나서 새로운 왕에게 기름을 부어야 했기에 이새의 집을 방문했습니다. 사무엘이 온다는 사실에 첫째 아들부터 일곱째까지 용모를 단정하게 하고 사무엘을 기다렸습니다. 그런데 하나님의 뜻이 아니었습니다. 형들 가운데는 하나님의 마음에 합한 자가 없었습니다. 혹 다른 아들이 없냐고 물어보자 그제서야 다윗을 언급했는데 다윗은 지금 여기 있는 일곱 형제들을 대신해서 들에서 양을 치고 있다고 했습니다. 그러자 사무엘이 빨리 가서 다윗을 데려오라고 하면서 그가 오기 전까지는 밥도 먹지 않겠다고 말합니다.

이처럼 다윗은 집안에서 형들에 비해서 그렇게까지 귀하게 취급받지 못하고 형들을 대신해 심부름을 해야 하는 막둥이에 불과했습니다. 그런 다윗이 모든 사람의 예상과 상식을 깨고 거인 골리앗을 물리치고 전쟁에서 승리하고 나자 사울이 다윗을 총애하기 시작합니다. 그래서 사울이 다윗을 군대의 장으로 삼았고 다윗은 그 기대를 저버리지 않습니다. 다윗은 가는 곳마다 지혜롭게 행했고 사람들의 마음을 얻습니다.

사무엘상 18장 5절에 "다윗은 사울이 보내는 곳마다 가서 지혜롭게 행하매 사울이 그를 군대의 장으로 삼았더니 온 백성이 합당히 여겼고 사울의 신하들도 합당히 여겼더라"고 했습니다. 다윗의 가치와 주가가 엄청나게 올라온 상황입니다. 그 와중에 사울의 아들 요나단과 다윗이 만나는 장면이 펼쳐집니다. 요나단은 다윗을 만나 심히 기뻐했습니다. 매우 깊은 우정을 나누고 형제 사랑을 나누었습니다.

그런데 19장을 보면 요나단의 아버지 사울 왕이 다윗을 죽이려고 합니다. 그 이유는 다윗의 인기가 자신보다 높아졌기 때문입니다. 사람들이 사울과 다윗을 비교해서 말할 때 "사울이 죽인 자는 천천이요 다윗은 만만이로다"(삼상 18:7-8) 하고 노래를 부르자 사울의 마음에 시기심이 들어왔고 결국 사울은 다윗을 죽이려고 했습니다.

그런데 사울의 아들인 요나단이 다윗에게 그 말을 전해줍니다. 사무엘상 19장 2절에 "내 아버지 사울이 너를 죽이기를 꾀하시느니라 그러므로 이제 청하노니 아침에 조심하여 은밀한 곳에 숨어 있으라" 하고 친절을 베풀었습니다. '내 아버지가 너를 죽이려고 하니 숨어 있으라'고 가르쳐 준 것입니다. 그것이 가능했던 이유는 다윗을 생명같이 사랑했기 때문이었습니다. "요나단의 마음이 다윗의 마음과 하나가 되어 요나단이 그를 자기 생명 같이 사랑하니라"(삼상 18:1). 할렐루야!

생명같이 사랑했다는 것은 요나단의 마음이 다윗의 마음과 연락되었다는 의미입니다. 연락되었다는 말의 원어적인 의미는 남자와 여자가 사랑을 할 때 '연락된다'라고 말합니다. 즉 남자든 여자든 친구들 간의 긴밀한 우정을 발할 때 연락된다는 단어를 사용합니다. 제가 1989년 4월 22일에 결혼해서 신혼살림을 시작하면서 아내와 생긴 첫 번째 갈등의 원인은 왜 갑자기 친구를 집으로 데려오느냐는 것이었습니다. 젊은 시절에는 친구가 굉장히 중요합니다. 어릴 적 친구들을 일러 '깨복쟁이 친구'라는 말을 많이 합니다. 그러니까 아주 어렸을 때부터 모든 것을 다 공유하고 알고 자란 사람들에게 연락된다는 말을 사용합니다.

또한 우리 인간에 대해서 하나님이 베푸신 사랑을 표현할 때 연락되었다는 표현을 사용하기도 합니다. 우리 인간에 대한 하나님의 사랑이 어느 정도입니까? 독생자 예수 그리스도를 이 땅에 보내주시고 우리가 범한 죄로 인해 죽어야 할 그 자리에 예수님을 죽게 하실 정도의 희생적인 사랑이 나와 사람을 향하신 하나님의 사랑입니다(요일 4:9-10).

당시 요나단의 마음이 다윗의 마음과 연락되었다고 했는데 그런 정도의 깊은 신뢰 관계를 유지했습니다. 나중에 두 사람의 깊은 사랑과 우정을 살필 수 있는 장면이 나옵니다. 안타깝게도 요나단이 죽었습니다. 이에 다윗이 요나단의 죽음을 슬퍼하면서 슬픔의 노래인 애가를 부릅니다. 사무엘하 1장 26절을 보면 "내 형 요나단이여 내가 그대를 애통함은 그대는 내게 심히 아름다움이라 그대가 나를 사랑함이 기이하여 여인의 사랑보다 더하였도다"라고 고백할 정도입니다. 보통 남자가 여자를 사랑하는 것보다도 요나단과의 사랑과 우정이 훨씬 더 깊고 컸다는 뜻입니다.

요나단은 다윗을 자신의 영혼처럼 사랑하여 살아계신 하나님 앞에 언약을 맺었습니다(삼상 20:16). 언약은 약속입니다. 우리가 약속하면 새끼손가락을 걸고 엄지손가락을 누르고 그다음에 손바닥으로 복사까지 하는데 이런 정도가 아닙니다.

성경에서 말하는 고대 근동의 언약의 방식은 '당신하고 나하고 계약을 맺고 그 증거로 짐승의 배를 가르는 것'입니다. 짐승을 죽이고는 그 짐승 사이를 지나가게 합니다. 이러한 행위는 만약 이 언약과 약속을 깨면 짐승이 이렇게 죽음을 당한 것처럼 당신도 죽는다는 것입니다(창 15:17). 결국 반드시 약속을 지키라는 의미가 담겨 있습니다. 이 대등한 관계에서 서로 믿는 것이 언약입니다.

그런데 우리 하나님은 우리와 대등하지 않고 감히 비교할 수 없을 정도로 높으신 분입니다. 창조주 하나님과 피조물 된 우리, 거룩하신 하나님과 죄인 된 우리가 어떻게 동등할 수 있겠습니까? 그런데 하나님께서는 그런 우리를 너무나 사랑하셨기에 우리와 언약을 맺어주셨다는 사실입니다(창 2:16-17).

그래서 그 언약의 결과물로 예수 그리스도를 이 땅에 보내셔서 마침내 구원해 주신 것입니다(마 1:21). 그 언약을 맺었다는 것은 자신의 생명과 목숨을 담보로 하는 것입니다. 즉 전인격적인 사람 자체를 다 내어놓는 것입니다. 그리고 그 증표로 요나단은 자신이 입고 있던 모든 것을 다윗에게 다 주었습니다.

> "요나단은 다윗을 자기 생명같이 사랑하여 더불어 언약을 맺었으며 요나단이 자기의 입었던 겉옷을 벗어 다윗에게 주었고 자기의 군복과 칼과 활과 띠도 그리하였더라"(삼상 18:3-4).

이처럼 다 주었습니다. 요나단이 다윗에게 준 것은 요나단의 신분을 상징합니다. 요나단은 사울 왕의 아들이고 왕자였습니다. 왕의 옷을 입는 사람입니다. 요나단이 입은 겉옷은 그냥 겉옷이 아니라 자신의 신분을 드러내는 것입니다. 사울 왕의 합법적인 후계자임을 상징하는 모든 물건들을 전부 다윗에게로 나눠 주고 넘겨 주었습니다. 요나단은 다윗을 진정한 형제로 여기고 모든 것을 다 주어도 아깝지 않다는 것을 보여 주었습니다. 이 나눔을 요나단은 다윗에게 실천했습니다.

예나 지금이나 나누지 못하는 것이 있는데 그것은 권력입니다. 권력은 결코 나누지 못합니다. 요나단은 세상적인 가치와 기준으로 보면 사울 왕의 아들이기 때문에 사울의 뒤를 이어 왕이 되어야 마땅하다는 사실에 누구도 이의를 제기할 수 없었습니다. 그런데 다윗과 요나단의 깊은 사랑은 아무것도 걸림이 되지 않습니다. 요나단은 자신에게 부여된 왕권에 대해서 전혀 연연하지 않고 완전히 포기해 버립니다. 어떻게 이런 나눔이 가능했을까요?

칼빈은 오늘의 본문을 이렇게 해석했습니다. "다윗과 요나단의 관계에서 요나단이 다윗에 대한 하나님의 섭리를 알고 인정했다. 그러니까 요나단은 이미 다윗이라는 인물을 인간적인 사랑 정도가 아니라 믿음의 시각으로 다윗을 받아들인 것이다. 그리고 다윗에 대하여 진정성 있는 사랑을 했다."

우리가 누군가와 무엇을 나눌 수 있고 또 누군가와 무엇을 나누어야 한다면 그것은 단지 지갑에서 지폐 몇 장을 꺼내서 어려운 사람 도와주는 정도의 나눔을 말하는 것이 아닙니다. 크든 작든 내가 누군가에게 어떤 나눔을 실천하기를 원한다면 그것은 깊은 사랑에 근거한 진심이 담겨 있어야 합니다. 나눔이란 단어를 설명하면서 굳이 다윗과 요나단의 이야기를 이렇게 언급하는 이유는 우리가 나눔을 행할 때 너무나 많이 요구받거나 그 나눔을 실천할 때 너무 가볍게 여기지 말라는 것입니다. 또 마치 가진 자가 어려운 자들을 도와주는 정도의 차원으로만 생각하지 말자는 것입니다(약 2:15-16). 그런 관점에서 요나단이 마음을 나누고 자신의 상징물을 나누어 준 것은 진심이 깃든 사랑의 행동이었습니다.

우리가 내 주변을 둘러싸고 있는 사랑하는 형제와 이웃들에 대하여 무엇을 어떤 형태로 나누어 주든지 그것은 사랑에 근거한 진심이 필요합니다(마 25:40). 사무엘상 18장의 다른 장면을 보면 나눔의 역기능적인 면을 보게 됩니다. 사울 왕이 다윗에게 자신의 딸을 주어 다윗을 사위로 삼았습니다. 딸이 얼마나 예쁩니까? 아들은 든든하여 울타리가 되고 듬직하며 좋은 점이 있지만, 사랑스럽기는 딸하고 비교가 안 됩니다. 그런데 누군가를 사위로 맞이하면서 딸을 내어준다는 것은 보통 일이 아닙니다.

그런데 사울은 다윗을 사위로 삼으면서 자신의 딸을 내어주는 그 의도가 좋지 못했습니다. 사무엘상 18장 21절에 "스스로 이르되 내가 딸을 그에게 주어서 그에게 올무가 되게 하고 블레셋 사람들의 손으로 그를 치게 하리라 하고 이에 사울이 다윗에게 이르되 네가 오늘 다시 내 사위가 되리라 하니라"고 지적합니다. 사울은 자기 딸을 내어주고 다윗을 사위로 삼는 그 과정마저도 올무가 되게 했다는 것입니다. 올무가 되게 했다는 말은 함정에 빠뜨리고 덫을 놓았다는 뜻입니다. 함정에 빠뜨리고 덫을 놓는 것은 적군이나 혹은 짐승을 사냥할 때 쓰이는 말입니다. 그런데 사위를 맞이하면서 짐승 잡는 올가미, 코를 꿰는 갈고리 정도에 자기 딸을 비유하는 것입니다. 매우 역기능적인 장면이 아닐 수 없습니다.

반면 다윗은 어떠했습니까? 나중에 사울도 죽고 요나단이 죽습니다. 그리고 그 사울의 손자, 요나단의 아들인 므비보셋이라는 어린아이가 있었는데 심지어 다리에 장애가 있었습니다. 그런데 므비보셋에게 다윗이 한 일이 너무도 감동적입니다(삼하 9:1). 사울과 요나단과 므비보셋은 왕의 가문입니다. 왕의 가문에서 당연하게 왕이 나왔습니다. 그런데 지금 누가 왕이 되었습니까? 베들레헴 시골의 목동 출신이었던 다윗이 왕이 되었습니다. 다윗은 사울 왕가에서 출생하지 않았는데 놀랍게도 왕이 되었습니다.

왕위에 오른 다윗에게 므비보셋은 자칫 정치적으로 엄청난 걸림돌이 될 수도 있었습니다. 우리가 드라마나 영화를 보면 이런 유사한 장면이 나오곤 합니다. 만약에 왕이 되었는데 사울 왕의 손자 요나단의 아들 므비보셋이 있다면 어떻게 해야 정치적으로 유익하겠습니까? 그를 없애버리고 죽이는 것입니다. 후한을 아주 없애고 씨를 말려 버립니다. 이것이 보통의 세상적이고 정치적인 술수입니다.

그런데 다윗은 그렇게 하지 않았습니다. 오히려 요나단의 아들 므비보셋에게 자신의 식탁을 나눕니다. 사무엘하 9장 7절을 보면 "다윗이 그에게 이르되 무서워하지 말라 내가 반드시 네 아버지 요나단으로 말미암아 네게 은총을 베풀리라 내가 네 할아버지 사울의 모든 밭을 다 네게 도로 주겠고 또 너는 항상 내 상에서 떡을 먹을지니라 하니"라며 분에 넘치는 약속까지 해주었습니다. 이것이 은혜가 아니고 무엇이겠습니까?

11절에서도 "므비보셋은 왕자 중 하나처럼 왕의 상에서 먹으니라"고 증언합니다.

다윗이 행한 일은 일반적인 이야기는 아닙니다. 진정한 사랑에 근거한 나눔은 또 다른 위대한 나눔으로 이어집니다(고전 13:13; 골 3:14). 지금 우리가 사는 이 시대에 이렇게 진정한 사랑과 진심을 담은 나눔이 이루어지고 있습니까?

우리는 어느 정도 나눔을 실천하는 사람에 속해 있습니다. 그런데 그 정도에서 멈추지 말고 다윗이 요나단을 사랑한 것처럼 그 진심과 사랑을 담아 나누어야 합니다(삼하 9:8).

오늘날 우리는 많은 사람들 가운데 살아가지만 진정한 친구를 찾기 어렵다는 말을 많이 합니다. 군중 속에서 고독을 느낀다는 사람들이 너무 많습니다. 어쩌면 우리 모두 다 그런 사람들입니다. 우리 주변에 사람은 많지만 얼마나 고독감을 느끼며 살아가고 있습니까? 정말로 내 깊은 속사정은 입에서 꺼내지도 못하고 삽니다. 지금처럼 세상에 친구가 많이 있지만 진실한 사랑과 우정을 나눌 친구를 찾기가 쉽지 않다고 말하는 때도 없습니다.

다윗과 요나단은 참된 사랑과 우정을 나눈 좋은 친구였습니다. 나에게 은사로 맡겨진 일도 있고, 그 은사를 다루기도 하고, 물질을 나누기도 하며, 마음을 나누고 기도할 때 우리는 어떻게 해야 할까요? 모든 활동과 경제가 어려울 때 우리는 어떤 나눔의 사람이 되어야 하겠습니까?

지금은 나누기도 어렵지만 잘 나누는 것도 중요한 때입니다. 우리는 전도를 통해서 예수 그리스도의 복음을 나누어야 합니다(롬 1:15-16; 골 4:3). 그리고 형제와 이웃에게 내게 있는 물질도 나누어야 합니다(행 2:43-47). 나에게 맡겨진 모든 책임을 은사를 통해 나누어야 합니다. 이처럼 주변을 근심 있게 살펴보면 나눌 일들이 의외로 많습니다.

우리는 나누면서 살아야 하고 이미 나눔 속에 살고

있습니다. 중요한 것은 다윗과 요나단처럼 신실한 사랑을 담고 내 전심을 다해서 나눌 수 있어야 한다는 것입니다(마 10:8; 요 15:13). 참으로 삭막하고 고통스럽고 고독한 이 시대에 다윗과 요나단처럼 나눔을 실천하며 살아가기를 주님의 이름으로 축원합니다.

격려 Encouragement

마태복음 11:28-30

"수고하고 무거운 짐 진 자들아 다 내게로 오라 내가 너희를 쉬게 하리라 나는 마음이 온유하고 겸손하니 나의 멍에를 메고 내게 배우라 그리하면 너희 마음이 쉼을 얻으리니 이는 내 멍에는 쉽고 내 짐은 가벼움이라 하시니라."

우리가 계속해서 현대 사회의 중요 키워드를 살피는 이유는 이런 단어들이 이 시대에 예수님을 믿든지 안 믿든지 가장 많이 사용되는 언어들이기 때문입니다. 우리는 예수님을 믿기 때문에 그런 언어들에 대해서 믿음의 차원으로 깊이 생각해보고 잘 살펴서, 이런 단어가 떠오를 때 예수님을 믿는 성도들로서 어떤 삶의 기준을 가져야 할까 생각해 보고자 하는 것입니다. 특별히 이러한 일에는 이 시대를 살아가는 그리스도인으로서 자신이 무한한 책임을 가지고 있고 하나님으로부터 무한한 은혜를 받았다고 하는 의식이 성도들에게 분명해야 한다는 사실을 전제하고 있습니다. 이번에 살펴볼 키워드는 '격려'(Encouragement)입니다.

우리는 다 누군가를 격려하고 또 격려를 받습니다. 격려는 '용기나 힘을 북돋아준다'는 말입니다. 격려는 누구에게나 필요합니다. 경기에 나가는 선수나, 원하는 일을 잘 이루지 못한 사람이나, 선생님이나 부모님을 통해 조언을 듣는 학생이나 자녀들에게 격려는 힘이 됩니다.

무심결에 지나가면서 던지는 말들이 상대방에게는 굉장한 격려가 되기도 합니다. "수고가 많으십니다",

"감사합니다", "참 좋습니다"와 같은 말들이 평범한 인사말, 편하게 하는 말, 지나가는 말 같지만 좋은 격려가 됩니다. 격려는 누구에게나 다 필요합니다. 격려가 필요 없을 정도로 완전한 사람은 아무도 없습니다. 우리가 살아가야 할 인생길에서 크고 작은 벽에 거듭 부딪히게 됩니다. 오르막길이 있으면 내리막길이 있습니다. 잘될 때가 있으면 또 안 될 때가 있습니다. 성공할 때가 있으면 실수하거나 실패할 때가 있습니다.

그런데 그때마다 무너지고 좌절하고 포기해버리면 이 세상은 아무런 소망이 없습니다. 이런 점에서 격려를 모르거나 혹은 격려가 필요 없다고 여기는 사람이 있다면 참 교만한 사람입니다. 격려는 두 가지 측면에서 생각할 수 있습니다. 먼저는 잘하고 있는 경우인데, 더 잘하라고 격려가 필요합니다. 무슨 행사를 하거나 좋은 일이 있을 때 격려사를 하게 됩니다. 잘하고 있는데 더 잘하라고 하는 것입니다. 또 한 가지는 실수하거나 실패하는 경우에 회복할 수 있는 기회를 주기 위해서 격려가 필요합니다. 첫 번째 경우나 두 번째 경우나

다 필요한 것들입니다. 그래서 우리는 어떤 경우에도 격려가 필요한 사람입니다.

격려받지 못한다는 건 굉장히 힘들고 불편한 일입니다. 내가 격려받아야 할 상황인데 격려받지 못한다는 것은 겪어보지 않은 사람은 잘 모르는 불편한 상황입니다. 그런데 생각지도 않은 격려를 받게 되면 굉장한 힘을 얻게 됩니다. 우리는 다 그런 것을 경험하게 됩니다. 예수님께서는 인류 사회에 다시 없는 격려의 말씀을 하십니다.

> "수고하고 무거운 짐 진 자들아 다 내게로 오라 내가 너희를 쉬게 하리라 나는 마음이 온유하고 겸손하니 나의 멍에를 메고 내게 배우라 그리하면 너희 마음이 쉼을 얻으리니 이는 내 멍에는 쉽고 내 짐은 가벼움이라 하시니라"(마 11:28-30).

우리 인생은 한 사람도 예외 없이 모두 다 수고하고 무거운 짐을 지고 살아갑니다. 수많은 사람들이 의지

할 바 없이 고독하게 살아갑니다. 그런데 주님께서 우리에게 이렇게 말씀하십니다. "수고하고 무거운 짐을 졌느냐? 나에게로 와라! 내가 너희를 쉬게 해 주겠다. 그리고 너희가 메고 있는 그 무거운 멍에를 내가 같이 메주겠다. 그러니 힘을 내라." 이렇게 주님이 초대하시는 것입니다.

어떤 한순간의 실수와 실패 때문에 천길 낭떠러지에 떨어져 인생이 끝장나는 안타까운 경우를 많이 봅니다. 회복할 수가 없습니다. 지금 우리 사회의 문제는 회복의 길이 열리지 않는다는 것입니다. 요즘은 실수를 숨길 수가 없습니다. 그래서 전 세계가 동시에 다 알게 됩니다. 유명한 사람들일수록, 가지고 누리고 이룬 사람일수록 한순간에 끝나는 경우를 참 많이 봅니다. 높은 위치에 오르고 그만한 재능과 은사를 갖기까지 수십 년이 걸렸을 텐데 순간의 실수와 실패 때문에 다시 회복을 얻지 못할 때가 많습니다. 그런 나의 인생에 예수님께서 위대한 격려의 초대장을 보내십니다.

주님께서는 우리가 수고하고 무거운 짐 진 것을 다 아십니다. 모든 것을 아시는 주님께서 영혼의 쉼터 되신 당신께 우리를 부르십니다(잠 21:2). 이것은 구원의 초청이기도 하고 위대한 격려의 말씀이기도 합니다. 예수님께서 행하신 공생애 사역을 보면 대표적으로 말씀을 전하시고, 병든 자를 고쳐 주시고, 이적을 행하십니다. 예수님은 그렇게 하심으로 한 영혼을 구원하시는 것입니다. 그분의 목적은 구원에 있습니다(마 20:28; 요 10:10). 그래서 성경은 예수 그리스도를 통한 구원의 이야기를 기록하고 있으며, 우리는 예수 그리스도를 통한 구원의 이야기로 성경을 이해해야 합니다(요 20:31).

그런데 예수님께서 행하신 모든 일들을 보면 구원을 이루시는 과정에서 말씀을 전하시고 병든 자를 고치시고 또 이적을 행하실 때 먼저 사람들을 격려하시는 것을 볼 수 있습니다. 예수님의 공생애는 끊임없는 격려로 가득합니다.

요한복음을 보면 예수님께서 첫 번째 이적을 행하

십니다. 가나의 혼인 잔치에서 이적을 행하셨습니다(요 2:1-11). 혼인 잔치를 하는데 포도주가 동이 났습니다. 포도주가 없으면 잔치는 끝납니다. 얼마나 낭패스러운 상황이겠습니까? 결국 주님께서 물로 포도주를 만드시는 이적을 행하셨는데 그것이 혼인 잔치를 배설한 사람이나 참여한 사람들에게 정말 놀라운 격려가 되었다는 것입니다. 그래서 잔치는 문제 없이 진행되고 더 좋은 분위기가 되었습니다.

요한복음 3장을 보면 영적인 문제로 고심하는 한 사람이 예수님을 만납니다. 니고데모라고 하는 사람입니다. 이 사람은 영적인 문제에 관심이 많습니다. '어떻게 해야 영생을 얻을까?' 이 문제에 대해 깊이 관심을 갖고 있는데 세상에 이 문제에 대한 답을 해줄 만한 사람은 아무도 없었습니다. 니고데모도 그런 사람을 만나지 못했습니다. 그런데 예수님께서 전하시는 말씀과 행하시는 일들을 보고 만나러 온 것입니다. 주님께서는 그런 니고데모에게 신비로운 중생의 비밀을 알려주십니다. 어떻게 죄 사함을 받고 어떻게 거듭나게 되는지를 알려주십니다(요 3:5). 어디서 이런 이야기를 듣겠습니까? 예수님의 위대한 격려입니다.

예수님 시대에 가장 잘 알려진 인물 중 한 사람이 세례 요한입니다. 세례 요한은 요즘 식으로 말하자면 독설가이기도 합니다. 거침없이 당시의 기득권자들을 향해서 외쳤습니다. 회개의 세례를 전파했습니다. 독사의 자식이라고까지 외쳤습니다. 많은 사람들이 세례 요한을 따랐습니다. 주님께서는 요한이 세례를 베풀 때 그에게 가서 세례를 받으셨습니다. 예수님은 세례를 받으실 필요가 없으십니다. 오히려 세례를 내려주셔야 합니다. 그런데 주님께서는 요한에게 세례를 받으심으로 세례 요한을 격려하십니다(마 3:15).

요한복음 4장을 보면 예수님께서 사마리아 수가 성을 지나시다가 한 여인을 만납니다. 그 여인은 어느 누구도 돌아다니지 않고 사람들의 발길이 없는 시간인 제6시, 우리 시간으로는 낮 12시에 우물가로 나왔습니다. 낮 12시를 혹 점심시간이라고 생각하는 분이 있을

지 모르겠지만 팔레스타인 지역에서의 낮 12시는 햇빛이 너무 뜨거워서 사람이 활동하기 힘든 시간입니다. 속설에 의하면 개미만 돌아다닌다는 말이 있을 정도입니다. 그런데 여인이 그 틈을 타서 물을 길으러 온 것입니다. 사람들 보기에 부끄러운 일이 있었기 때문입니다. 사람들에게 손가락질당하고 사람들을 만나는 것이 어색하고 불편하고 힘들었기에 아무도 없는 틈을 타서 왔는데 하필이면 유대인 남자 예수님을 만납니다.

처음에 그녀는 예수님을 경계했습니다. 그런데 예수님과 대화하면서 목이 말라 물을 길으러 왔지만 예수님께서 자신을 영원히 목마르지 않는 생명수가 되신다고 소개하자, 그 여인은 소외되고 죄인 되었던 자리에서 예수님을 전하는 사람으로 바뀌게 됩니다. 소외된 그 여인을 만나주시고 회복시켜 주신 주님의 격려입니다(요 4:13-14).

요한복음 5장을 보면, 예루살렘의 베데스다(Bethesda) 연못이 나옵니다. 그런데 그 베데스다 연못에는 전해오는 전설이 있었습니다. 어느 순간 물이 동하면 천사가 내려와서 그 물에 가장 먼저 들어가는 사람의 모든 질병을 고쳐 주었습니다(요 5:4). 그런 연유로 베데스다 연못가에는 항상 많은 환자들이 모여 있었는데 마치 지푸라기라도 잡고자 하는 심정을 가진 환자들이었습니다.

실제로 그곳에는 많은 환자들이 모였는데 그중에 38년 된 병자가 있었습니다. 그런데 그가 하는 말이 참 슬픕니다. "물이 움직인다 해도 누가 나를 물로 데려갈 수 있겠습니까?" 물이 움직였을 때 병이 낫겠다는 막연한 기대가 없는 건 아니지만 혹 물이 움직인다 할지라도 자신은 그 대상이 될 수 없다는 것을 알고 있는, 정말로 처절한 입장에 처해서 삶의 희망을 포기한 사람이었습니다.

주님께서는 그의 이야기를 들으시고 38년 된 병자에게 "네가 깔고 누워 있던 그 자리를 들고 일어나 가라"고 말씀하셨습니다(요 5:8). 주님께서 그의 병을 고쳐 주셨습니다. 모든 것들이 다 소외되고 힘들고 지치고 포기하는 인생들을 격려하시는 우리 주님의 모습입니다. 주님은 그 모든 사람들을 구원하심과 동시에 격려하셨습니다.

한편 주님의 격려는 십자가에 달려 죽으시는 그 순간에도 강도를 통해 드러납니다. 십자가에 달리는 사람은 보통 죄인이 아닙니다. 많은 사람들에게 저주받을 만한 죄를 지은 흉악한 사람 혹은 국가의 반역자입니다. 도저히 용서받을 수 없는 사람입니다. 그런데 누가복음 23장 42-43절에서 십자가에 달려 있는 한 강도가 주님을 찾자 주님께서 격려의 말씀을 하셨습니다.

"이르되 예수여 당신의 나라에 임하실 때에 나를 기억하소서 하니 예수께서 이르시되 내가 진실로 네게 이르노니 오늘 네가 나와 함께 낙원에 있으리라 하시니라."

십자가에 달릴 만한 죄인이기 때문에 그 사람의 삶은 우리가 짐작하지 않아도 어느 정도인지 다 알 수 있습니다. 그 사람은 완전히 버림받은 사람입니다. 완전히 죽어야 할 자입니다. 그래서 십자가에 달려 죽게 된 것입니다. 그런 자에게 예수님께서 "오늘 네가 나와 함께 낙원에 있으리라"(눅 23:43)는 말씀을 주셨는데 얼마나 큰 위로와 격려의 말씀입니까? 기독교의 구원은 이런 위대한 격려를 수반합니다. 누구나 다 하나님의 위로와 격려를 받을 수 있고 받아야만 합니다(사 40:1; 고후 7:6).

예수님을 만나는 모든 인생은 다 격려가 필요한 사람들이었습니다. 예수님은 냄새나고 손가락질당하고 무시당하는 사람들을 격려하시고 구원해 주셨습니다(마 9:12-13).

누가복음은 '잃은 자'를 찾으시는 예수님에 대한 이야기를 풀어갑니다. '잃은 자'가 누구입니까? 병든 자, 죄인, 손가락질당하는 자, 함께 살지 못하고 따로 지내는 자, 세상에서 무시당하고 버림받은 자들이 '잃은 자'입니다. 그런데 우리 주님께서는 그런 사람들을 만나주셨고 찾아가셔서 위로하시고 격려하시고 구원해 주셨습니다.

저와 여러분도 마찬가지입니다. 성경에 등장하는 죄인과 다를 바가 없습니다. 우리 모두 다 죄인들입니다(롬 3:23; 엡 2:1). 하나님의 격려와 예수님의 격려가 필요한 사람들입니다. 그런 우리들의 인생에 예수님께서 찾아오시고 만나 주시고 구원해 주시는 줄로 믿습니다. 지금도 성령 하나님께서 친히 내 안에 거하시고 나와 함께하시면서 나의 생애를 인도하고 격려하고 계십니다(요 14:16, 26). 주님의 격려는 끝이 없습니다. 항상 나와 함께하십니다.

문학을 쓰는 몇 가지 방식 중 '전지적 작가 시점'이라는 게 있습니다. 소설이나 드라마를 쓰는 사람은 전지적인 신처럼 각 사람과 인물의 내면들을 다 압니다. 다 관통하면서 마치 모든 사건의 처음과 나중을 다 알고 있어 글을 써 내려가는 것입니다. 등장하는 인물의 심리 상태나 해왔던 일이나 원하는 것들을 다 알고 있습니다.

드라마를 시청하는 우리는 보통 그런 전지적 작가 시점에 의해서 상황을 다 파악하고 있습니다. 시청자는 내용과 스토리를 다 알고 있는데 드라마에 등장하는 인물들은 상황을 전부 파악할 수 없습니다. 그래서 드라마를 보는 시청자의 입장에서는 인물들의 행동이 답답한 경우가 발생합니다.

문학을 쓰는 사람은 앞으로 결말에 다뤄질 내용까지 감안하면서 전지적 관점에서 시나리오를 씁니다. 이와 같이 격려할 수 있는 존재는 앞으로 전개될 극본과 스토리를 다 알기에 격려가 가능한 것입니다. 하나님은 어떤 분이십니까? 다 아시는 전지하신 하나님입니다(시 139:1-4).

저는 1981년을 잊을 수가 없습니다. 저에게 두 가지 중요한 경험이 있었습니다. 첫 번째는, 교회에서 여름 행사를 마치고 순창 강천산으로 1박 2일 캠프를 갔을 때입니다. 교사 위로회였습니다. 하필이면 밤에 비가 많이 와서 깊은 잠을 이루지 못하고 아침에 일찍이 일어나 강천산 산등성이를 걸었습니다. 그런데 밤새 비가 내려서 그런지 커다란 물줄기가 생겼습니다. 그것을 보면서 저는 물에게 말했습니다.

"힘을 내라. 바다로 가야지…."

무엇 때문에 그 말을 했는지 모르겠는데 아무튼 그렇게 말했습니다. 어느덧 40년이란 세월이 지났습니다. 제가 순창 강천산에서 만났던 그 물이 어디 있을까요? 바다에 있습니다. 이렇게 물이 흘러가면 냇물이 되고 냇물이 흘러가면 강물이 되고 강물이 흘러가면 바다가 됩니다. 바다는 놀라운 곳입니다. 스킨스쿠버를 하는 사람들은 바다의 광경을 보고 나면 계속 보고 싶다고 합니다. 너무나도 아름답고 다양하고 보배롭기 때문입니다.

하나님은 우리가 생각하는 전지적 작가 시점보다도 훨씬 전지전능하신 분이십니다. 우리가 생각하는 정도가 아닌 그 이상입니다. 하나님은 모르는 것이 없고 실수가 없으신 분이십니다(마 6:32). 그 하나님께서 끊임없이 저와 우리 모두를 지금도 격려하고 계십니다. 우리는 한 치 앞을 모르면서 살아갑니다. 한 치 앞도 모르면서 살아가는 저와 여러분에게 모든 것을 아시는 하나님께서, 또 내 안에 계신 성령께서 격려하고 계심을 믿으시기를 축원합니다.

그리고 두 번째는, 1981년에 교회학교 교사였던 김장만 장로님과의 만남입니다. 장로님과 그때 처음 만나 어린이 캠프와 중고등부 수양회에서 함께 열심히 봉사했습니다. 그런데 당시 저는 교회학교 교사였지만 아무것도 모르는 천방지축이었습니다. 예배당에 물 뿌리다가 성경학교 때 그냥 "용대야! 너 주일학교 교사해라" 하고 부름을 받았습니다. 더구나 1981년도면 제 또래 친구들은 막 대학생이 되었던 때입니다.

그런데 저는 목사가 된다고 다니던 고등학교를 그만두었습니다. 그 상황에서 저를 지도해주는 사람이 없었습니다. 10명 남짓한 선생님들이 모여 있는 자리에서 제가 한마디를 들었는데 그 한마디가 제 인생의 중요한 전환점이 되었습니다. 제가 목사가 되려고 한 것을 교회에서 모두 알고 계셨는데 저에게 이런 말을 해주신 것입니다.

"용대는 앞으로 목사님이 되면 참 좋을 것 같다. 기획하거나 일을 추진할 때 참 좋은 점이 많다."

저는 평생에 그런 칭찬과 격려의 말을 처음 들었습니다. 어렸을 때 "착하다, 공부 잘한다"는 말을 해주는 분이 더러 있기는 했지만 우리 집이 망한 뒤로는 그런 이야기를 해주는 사람이 한 사람도 없었습니다. 입에 발린 말들도 없었습니다. 그런데 교회 집사님께서 저에게 그런 격려의 말을 해주신 것입니다.

사실 지나고 보니까 이것은 그냥 누구에게나 할 수 있는 말이고 누구라도 하는 말입니다. 우리가 교회 안에서 어린이나 학생들이나 청년들을 보면서 어른들이 한마디씩 격려와 칭찬의 말을 해주는 것이 굉장히 중요합니다. 얼마나 큰 힘이 되는지 모릅니다.

그런데 누구에게나 할 수 있는 말이고 누구라도 들었을 말이지만, 그때 당시 저는 가난하고 고독하고 무기력했습니다. 그런 저에게 누군가 해준 첫 번째 격려였습니다.

그다음에 어떻게 되었을까요? 더욱 교회 중심으로 살게 됐습니다. 그리고 대학교를 졸업하고 신학교를 갔고 오늘에 이르렀습니다. 지금은 제가 오히려 누군가를 격려하는 사람이 되었습니다. 평범하고 방황하던 저를 오늘에 이르도록 이끈 한마디 격려를 결코 잊을 수가 없습니다.

여러분! 지금 내 옆에 있고 나와 함께하는 그 누군가에게 전하는 그 한마디가 격려가 되어야 합니다. 예수님을 믿는 성도에게 우연은 없습니다(마 10:29). 믿음의 세계에서 우연은 없습니다. 우리가 던지는 그 말 한마디도 하나님의 은혜요 하나님의 역사인 줄로 믿습니다. 그래서 하나님이 우리에게 베풀어 주시는 것만 믿음이 아니라 사람과 사람 사이에서 일어난 모든 일들도 다 믿음의 일이라고 할 수 있습니다.

그냥 쉽게 되는 게 아닙니다. 제가 신학교를 갈 때 담임목사님께서 이런 말씀을 해주셨습니다. "우리 김 전도사는 지금은 모든 것이 약하다. 그러나 가능성이 있다." 한번은 제가 부목사 때에 또 이런 말씀을 하셨습니다. "젊다는 것은 아직 미숙하다는 거야. 그렇지만 시간이 가장 큰 재산이니 젊다는 것은 미숙하기는 해도 가장 큰 재산이 있는 것이네." 그때 목사님께서 50대 초중반쯤 되었을 때였을 것입니다. 그런데 그런 귀한 말씀을 해주셨습니다.

어느덧 시간이 흘러 제가 지금 누군가를 격려할 때가 되었는데 그처럼 귀한 격려의 말을 저도 하고 있는지 스스로를 돌아보게 됩니다. 혹시 우리는 격려가 필요한 사람에게 책망하고 있지는 않습니까? 사실 그런 미세한 차이가 굉장히 중요합니다. 바르게 지도하는 것과 무분별한 책망은 다른 문제입니다. 힘들어하거나, 어려울 때나, 실수할 때나, 실패할 때나 격려를 잘해야 합니다. 우리들이 누군가를 격려해야 할 타이밍에 격려하지 못하고 비난한다면 큰 상처만 남습니다. 대부분 그렇게 많은 실수를 합니다.

다윗은 꼼짝없이 죽게 되었습니다. 왕으로부터 미

움과 시기를 받고 추격하는 군인들을 통해 도망자가 되었기 때문에 다윗에게는 소망이 없었습니다. 이스라엘은 피할 곳이 마땅치 않습니다. 수천 수백의 군사를 풀어서 다윗을 잡으려고 하니까 꼼짝없이 죽게 됐습니다. 그런데 사무엘상 23장 16-18절을 보면 그런 위기에 처한 다윗에게 친구 요나단은 이렇게 격려합니다.

> "사울의 아들 요나단이 일어나 수풀에 들어가서 다윗에게 이르러 그에게 하나님을 힘 있게 의지하게 하였는데 곧 요나단이 그에게 이르기를 두려워하지 말라 내 아버지 사울의 손이 네게 미치지 못할 것이요 너는 이스라엘 왕이 되고 나는 네 다음이 될 것을 내 아버지 사울도 안다 하니라 두 사람이 여호와 앞에서 언약하고 다윗은 수풀에 머물고 요나단은 자기 집으로 돌아가니라."

죽음의 위협을 당한 다윗에게 요나단이 말합니다. "두려워하지 말라. 사울의 손이 너에게 미치지 못할 것이다. 네가 왕이 될 것이다. 그리고 나는 네 다음이 될 것이다." 얼마나 큰 위로와 격려의 이야기입니까?

에스더서를 보면 하만의 교묘한 술수 때문에 모든 유대인들이 다 죽음을 당할 위기에 처했습니다. 그때 모르드개가 에스더에게 이렇게 격려합니다. 에스더 4장 13-16절 말씀입니다.

"모르드개가 그를 시켜 에스더에게 회답하되 너는 왕궁에 있으니 모든 유다인 중에 홀로 목숨을 건지리라 생각하지 말라 이 때에 네가 만일 잠잠하여 말이 없으면 유다인은 다른 데로 말미암아 놓임과 구원을 얻으려니와 너와 네 아버지 집은 멸망하리라 네가 왕후의 자리를 얻은 것이 이 때를 위함이 아닌지 누가 알겠느냐 하니 에스더가 모르드개에게 회답하여 이르되 당신은 가서 수산에 있는 유다인을 다 모으고 나를 위하여 금식하되 밤낮 삼 일을 먹지도 말고 마시지도 마소서 나도 나의 시녀와 더불어 이렇게 금식한 후에 규례를 어기고 왕에게 나아가리니 죽으면 죽으리이다 하니라."

요나단의 격려를 들었던 다윗은 사울 왕의 생명을 자기 손으로 취하지 않았어도 모든 위험을 이기고 마침내 이스라엘의 왕이 되었고 예수 그리스도의 조상이 되었습니다(마 1:1). 모르드개의 격려를 들었던 에스더는 자기 민족을 죽음의 위기에서 건진 위대한 믿음의 여인이 되었습니다(에 9:31).

누가복음 21장 27-28절에서 예수님께서는 십자가를 앞두고 제자들을 격려하십니다. "그 때에 사람들이 인자가 구름을 타고 능력과 큰 영광으로 오는 것을 보리라 이런 일이 되기를 시작하거든 일어나 머리를 들라 너희 속량이 가까웠느니라 하시더라."

무슨 말씀일까요? 제자들의 곁을 떠나야 할 예수님께서 재림의 소망을 안겨 주는 격려의 말씀을 해주신 것입니다. 지금 우리가 살아가는 이 시대에 소망이 있습니까? 제가 정직하고 정확하게 말씀드린다면 여러분이 소망하는 것은 다 허망한 것들입니다(전 1:2-3). 관 뚜껑이 덮이고 무덤 속으로 들어가는 그 순간 아무것도 남지 않고 모든 것이 끝납니다. 우리가 호흡하면서 소망하는 모든 것들은 다 소망이 아니라 허망으로 끝납니다(전 12:8).

그러나 한 가지 분명하고 확실하게 변하지 않는 것은 영원한 생명, 즉 천국의 소망이 있고 언젠가 우리 주님께서 다시 오시는 재림의 소망입니다(행 1:11; 계 22:20). 예수님을 믿는 성도들은 힘들고 어렵고 불편하고 고통스러운 시대를 살아가면서도 다시 오시겠다는 재림의 소망을 주신 우리 주님의 말씀 때문에 소망을 잃지 않습니다. 말세를 살아가는 성도 된 저와 여러분에게 재림에 대한 주님의 격려보다 더 큰 격려는 없습니다(요 14:3).

하나님의 격려를 받은 우리가 끊임없이 무너지는 형제와 이웃을 믿음으로 격려할 수 있기를 바랍니다. 마태복음 5장 4절에 "애통하는 자는 복이 있나니 그들이 위로를 받을 것임이요"라고 말씀했습니다. 또한 마태복음 11장 28절에 "수고하고 무거운 짐 진 자들아

다 내게로 오라 내가 너희를 쉬게 하리라"라고 하셨습니다. 이어서 29절에서는 "나는 마음이 온유하고 겸손하니 나의 멍에를 메고 내게 배우라 그리하면 너희 마음이 쉼을 얻으리니"라고 말씀하셨습니다.

멍에는 소 한 겨리가 메는 것입니다. 겨리는 한 쌍을 말합니다. 멍에를 멘 소를 겨리라고 합니다. 그러니까 혼자 멍에를 메고 있으니 얼마나 힘들겠습니까? 그런데 주님께서 말씀하십니다. "수고하고 무거운 짐을 졌느냐? 나에게 와라. 내가 너의 한쪽 멍에를 같이 메어주겠다." 삶의 지치고 고단하고 힘든 우리에게, 수고하고 무거운 짐을 진 우리에게 주님께로 오라고 초청하시는 위로와 격려가 얼마나 큰 힘이 됩니까?

우리가 만일 누군가를 주님의 심정으로 격려한다면 그것은 나비효과가 되어서 온 천하를 구원과 평안으로 이끌게 될 것입니다. 그리고 그렇게 끝나지 아니하고 언젠가는 나를 격려하는 순풍이 되어서 또다시 나를 격려하게 될 것입니다.

힘들고 지치고 고통이 너무 많은 이 세대 가운데서 하나님의 격려를 통해 살아가고 있는 저와 여러분이 내 형제와 이웃에게 예수 그리스도의 사랑을 안고 위대한 격려를 함으로 우리 하나님이 영광을 받으시고 복된 세상 이루시기를 주님의 이름으로 축원합니다.

경청 Listening

신명기 27:10; 열왕기상 3:9-10

"그런즉 네 하나님 여호와의 말씀을 청종하여 내가 오늘 네게 명령하는 그 명령과 규례를 행할지니라."

"누가 주의 이 많은 백성을 재판할 수 있사오리이까 듣는 마음을 종에게 주사 주의 백성을 재판하여 선악을 분별하게 하옵소서 솔로몬이 이것을 구하매 그 말씀이 주의 마음에 든지라."

마지막으로 살펴볼 키워드는 '경청'(Listening)입니다. 경청한다는 것은 '귀를 기울여 듣는다'는 말입니다. 귀를 잔뜩 기울여서 상대방의 마음을 듣는 것입니다. 단순히 상대방의 말과 음성만 듣는 것이 아니라 마음을 듣는 것이 중요한 의미를 가지고 있습니다.

우리가 사는 지금 이 시대는 잘 듣지 않으려고 합니다. 서로 자기 목소리만 내려고 합니다. 서로 자기 목소리만 내려고 하다 보니까 자기 말을 안 들어주면 분위기가 굉장히 불편하고 힘들어집니다. 우리 인간의 본성이 스스로를 드러내려고 하는 데 문제가 있습니다.

왜 경청하지 않을까요? 상대방을 존중하는 마음과 사랑하는 마음과 상대방에 대한 관심과 배려가 없기 때문입니다. 그래서 듣지 않는 것입니다. 역으로 생각하면 우리가 누군가의 말을 잘 듣는다면 그 사람이 누구인지를 보면 됩니다. 내가 그분을 존중하고 그분을 사랑하고 그분에 대한 관심과 배려가 크기 때문에 귀를 기울여 들어주는 것입니다. 자기가 상대방보다 높이 있고 많이 알기 때문에 내 말이 옳다고 확신하는 사람은 다른 사람의 말을 듣지 않으려고 합니다.

이런 점에서 경청은 굉장히 중요한 의미가 있습니다. 지금 이 시대는 불통의 시대입니다. 왜 소통하지 못하고 불통할까요? 들으려고 하지 않기 때문입니다. 대화를 해보면 자기 말만 하는 사람이 있습니다. 기필코 자기 말을 해야 직성이 풀리는 사람이 있습니다.

예수님을 믿는 성도는 첫 번째로, 하나님의 말씀을 경청해야 합니다. "그런즉 네 하나님 여호와의 말씀을 청종하여 내가 오늘 네게 명령하는 그 명령과 규례를 행할지니라"(신 27:10). 개역개정판 성경에서 '청종'으로 번역된 단어는 경청한다는 말입니다. 성도는 하나님의 말씀을 들어야 합니다. 하나님의 말씀을 잘 들어야 바른 믿음이 세워지고 또 그 믿음이 성장할 수 있습니다(롬 10:17).

오랜 시간 예수님을 믿은 성도라도 하나님의 말씀

의 넓이와 깊이 안에 들어오지 못하면 신앙이 성장하지 못합니다. 하나님의 말씀을 잘 듣지 않기 때문입니다. 하나님께서는 기록된 말씀인 성경으로 우리들에게 말씀하십니다(벧후 1:20-21). 또 하나님의 말씀은 세우신 주의 종을 통해 증거됩니다(딤후 4:2). 그러므로 설교는 사람의 말이 아니라 살아 계신 하나님의 말씀이 선포되는 시간입니다(살전 2:13).

그래서 우리는 이 설교를 경청할 수 있어야 합니다. 주의 종을 통해서 증거되는 이 말씀을 나를 향하신 하나님의 말씀으로 듣고, '하나님의 마음을 내가 어떻게 들어야 하는가?'에 유념해야 합니다. 사람의 말이 아닙니다. 살아 계신 하나님의 말씀이 지금 주의 종을 통해서 나에게 선포되는 것입니다(행 17:11).

그래서 설교에 대한 바른 경청은 바른 자세를 가지고 깨닫고자 하는 마음이 있어야 합니다. 그리고 말씀을 사모하는 마음이 있어야 합니다(시 119:124; 벧전 2:2). 그래야 들립니다. 하나님의 마음을 이해할 수 있고 순종하게 됩니다. 꿀과 송이꿀보다 더 달고 오묘한 하나님의 말씀(시 19:10)을 들을 귀가 있기를 주님의 이름으로 축원합니다.

강단에서 선포되는 설교를 오늘 나에게 주신 하나님의 말씀으로 받아야 합니다(살전 2:13). 저는 설교를 하는 목사이기 때문에 설교를 들을 기회가 비교적 많지 않습니다. 그런데 저도 담임목사님의 설교를 듣는 시절이 있었습니다. 어느 때는 '목사님이 내 속을 어떻게 알고 나 들으라고 지금 말씀하시는가?'라는 생각을 했는데 한편으로 보면 설교는 나 들으라고 하는 것입니다.

이런 점에서 보면 설교는 매우 객관적인 선포입니다. 모든 사람들과 모든 성도에게 주어진 선포이지만 이 선포되는 설교는 개인적으로 내가 듣는 설교입니다. 그래서 철저히 주의 종이 공적으로 말씀을 선포한다 할지라도 그 말씀은 내가 개인적으로 듣고 은혜받아야 합니다. 혹시 비수로 찌르는 것 같은 메시지라 할지라도 나를 깨우치는 하나님의 음성으로 알고 회개하는 자리에 있어야 합니다(히 4:12).

죄인 된 저와 여러분은 생명 되신 예수 그리스도의 말씀을 들어야만 살 수 있습니다. 우리는 말씀 없이 살지 못합니다(마 4:4). 이미 말씀 없이 살지 못하는 존재가 된 것입니다(신 8:3). 그뿐만 아니라 하나님의 말씀을 듣고 지켜 행하면 세계 민족 위에 뛰어나게 하는 복을 주시겠다고 하셨습니다. 신명기 28장 1절에 "네가 네 하나님 여호와의 말씀을 삼가 듣고 내가 오늘 네게 명령하는 그의 모든 명령을 지켜 행하면 네 하나님 여호와께서 너를 세계 모든 민족 위에 뛰어나게 하실 것이라"라고 하셨습니다.

 "너를 세계 모든 민족 위에 뛰어나게 하실 것이라"는 말씀은 눈에 확 들어옵니다. 너무 좋습니다. 그런데 그렇게 되기 위해서는 "네가 네 하나님 여호와의 말씀을 삼가 듣고 내가 오늘 네게 명령하는 그의 모든 명령을 지켜" 행하는 수고와 헌신이 필요합니다. 하나님의 말씀을 듣고 지켜 행하라는 것입니다. 하나님의 말씀을 경청해야 하는 것입니다. 모든 이스라엘과 하나님의 백성 된 성도는 하나님의 말씀을 들어야 할 줄로 믿습니다(신 6:4; 막 4:23).

예레미야서 7장 1-3절에서도 하나님의 말씀을 경청할 것을 명하고 있습니다.

"여호와께로부터 예레미야에게 말씀이 임하니라 이르시되 너는 여호와의 집 문에 서서 이 말을 선포하여 이르기를 여호와께 예배하러 이 문으로 들어가는 유다 사람들아 여호와의 말씀을 들으라 만군의 여호와 이스라엘의 하나님께서 이와 같이 말씀하시되 너희 길과 행위를 바르게 하라 그리하면 내가 너희로 이 곳에 살게 하리라."

하나님께서는 우리들에게 말씀을 들으라고 하실 뿐만 아니라 하나님께서도 우리 말을 듣는다고 하십니다. 경청하신다는 의미입니다. 하나님께서는 내 기도를 들으시고 내 말을 들으시며 내 생각을 들으십니다(민 11:1; 시 34:15). 하나님은 다 아십니다. 우리가 입을 벌려서 하나님 앞에 드리는 말만 들으시는 것이 아니라 내 생각도 들으시고 내 기도도 들으십니다. 우리가 사람들과 하는 말도 하나님은 다 들으십니다. 시편 40편 1-2절에 "내가 여호와를 기다리고 기다렸더니 귀를 기울이사 나의 부르짖음을 들으셨도다 나를 기가 막힐 웅덩이와 수렁에서 끌어올리시고 내 발을 반석 위에 두사 내 걸음을 견고하게 하셨도다"라고 말씀하셨습니다.

지금 힘듭니까? 어렵습니까? 기가 막힐 웅덩이에 빠졌고 수렁에 빠져 있는 것 같습니까? 하나님은 그런 내 상황을 아시고 내 마음을 들으시며 내 기도를 들으시는 줄로 믿습니다.

두 번째로, 우리는 사람의 말에도 경청해야 합니다.

열왕기상 3장 9-10절 말씀에 "누가 주의 이 많은 백성을 재판할 수 있사오리이까 듣는 마음을 종에게 주사 주의 백성을 재판하여 선악을 분별하게 하옵소서 솔로몬이 이것을 구하매 그 말씀이 주의 마음에 든지라"라고 했습니다.

누가 경청해야 할까요? 물론 서로가 경청해야 합니

다. 나도 잘 듣고 상대방도 잘 들어야 합니다. 누구는 말하기만 하고 누구는 들어야만 한다면 이것은 옳지 않습니다. 일방적인 것은 옳지 않습니다(약 1:19). 특별히 높은 자리에 있는 사람들과 지도자적인 위치에 있는 사람들은 더 경청하는 자세를 가져야 합니다(렘 6:17). 지도자적인 위치에 있는 분들은 잘 듣지 않으려는 경향이 있습니다. 그러니 소통이 되지 않고 불통되는 것입니다. 높은 위치에 올라갈수록 귀가 가려져서 안 들립니다.

솔로몬이 왕이 되었습니다. 고대의 왕은 현대의 어떤 대통령이나 군주와 비교할 수 없을 정도로 상상할 수 없는 절대적인 권한을 행사했습니다. 지금의 사회는 삼권 분립이 정착되어 행정, 입법, 사법의 분리로 견제와 조화를 이루고 있습니다. 그런데 옛날에는 삼권을 모두 장악하고 있는 사람이 절대군주인 왕이었습니다. 감히 어느 누구도 함부로 왕을 어떻게 하지 못합니다. 그런데 솔로몬이 왕이 되고 나서 한 일은 하나님 앞에 일천번제를 드린 것입니다(왕상 3:4). 하나님 앞에 일천번제를 드렸다는 것은 솔로몬이 하나님의 음성을 듣고 말씀을 경청하는 겸손한 태도를 가졌다는 뜻입니다. 굉장히 귀한 태도입니다.

그 밤에 하나님께서 솔로몬에게 '너에게 무엇을 줄까' 물으셨습니다. 그때 솔로몬은 하나님께 '지혜로운 마음을 달라'고 구했습니다(왕상 3:9). 지혜로운 마음은 개역개정 성경에서 "듣는 마음"으로 번역이 되었습니다. 그러니까 들을 수 있는 지혜로운 마음을 달라고 하나님에게 구했다는 것입니다. 많은 백성들을 재판하면서 선과 악을 분별하기 위해서는 그 사람들의 마음에서 하는 말을 들을 수 있는 지혜가 필요했기 때문입니다. 열왕기상 3장에 솔로몬의 재판이 등장합니다. 너무나 기발하고 놀랍습니다. 결과는 어땠습니까? 지혜로운 마음과 듣는 마음이 분명했던 솔로몬이 내릴 수 있는 최고의 판결을 내리게 되었습니다.

하지만 솔로몬의 뒤를 이어 왕이 된 르호보암은 불통의 사람이었습니다(왕상 12:11). 자기가 듣고 싶은 사람의 말만 들었습니다. 솔로몬과 함께 나라를 다스렸던 나이 든 신하들의 충언을 귀담아 듣지 않고 무시하고 맙니다. 결국 충언을 경청하지 않다가 통일 이스라엘은 북왕국 이스라엘과 남왕국 유다로 분열되고 맙니다(왕상 11:11-13).

높은 자리와 지도자적인 위치에 있을수록 더 경청하는 자세를 가져야 합니다. 그뿐만 아니라 부모와 자녀는 서로의 말에 귀를 기울여서 경청하는 자세가 필요합니다(엡 6:1-3). 제일 말이 안 통하는 관계 중에 하나가 부모와 자식 관계입니다. 세대 차이가 있기도 하지만 부모님의 생각과 자녀의 생각이 너무 다릅니다. 태어나면서부터 자식은 부모 말을 안 듣고 부모님은 자식을 못 알아주고, 자식이 60세가 되어도 부모님들은 자식의 말을 안 듣고 자식은 부모님 말을 안 듣습니다.

제가 결혼해서 신혼여행을 가려고 공항에 가는데 어머니가 하신 말씀이 있었습니다. 사진 찍는다고 난간에 가지 말라는 것이었습니다. 그러자 아내가 웃었습니다. 자녀가 성인이 되어서 결혼을 해도 항상 자식은 자식입니다. 그런 마음으로 늘 부모님은 부모님의 영역에서 자식을 대하고 자식은 자식의 입장에서 부모님을 만나다 보니 소통이 잘 안 될 때가 많습니다.

자녀들은 부모님의 말씀을 경청해야 합니다. 잠언 15장 5절을 보면 "아비의 훈계를 업신여기는 자는 미련한 자요"라고 했습니다. 가정 안에서 충분한 대화와 경청은 자녀를 바르게 양육하고 지도하는 데 효과가 있습니다. 그런데 요즘 부모와 자녀들이 너무 바쁩니다. 부모님도 바쁘지만 자녀들도 너무 바쁩니다. 그래서 한자리에서 만나기가 쉽지 않습니다. 어쩌다 만나도 네 사람이 만나면 네 사람 다 핸드폰을 보고 있고, 세 사람이 만나도 세 사람 다 핸드폰을 보고 있고, 두 사람이 있어도 그렇고, 혼자 있어도 핸드폰에 빠져 있습니다. 그러다 보니 요즘은 서로 대화하고 소통하는 일이 굉장히 어려워졌습니다. 게다가 부모들이 너무 바빠서 자녀들에 대하여 미안한 마음이 있다 보니 보상 차원으로 용돈을 줍니다. 예전 부모님 같으면 "그것은 안 돼!"라고 단호해야 할 것들이 요즘에는 조르고 조르면 해결됩니다.

한 설문조사에서 자녀들에게 가장 필요로 한 것이 무엇이냐고 물으니까, 첫 번째가 "나는 너를 사랑한다"는 말을 듣고 싶다고 했습니다. "사랑한다. 내 아들아! 사랑한다 내 딸아!"라는 사랑의 말을 듣고 싶어 합니다. 그리고 그다음으로 자녀들이 원하는 것이 무엇인가 하면 자기 말을 부모님들이 귀담아듣고 공감해주기를 바란다는 것입니다. 요즘은 공감이 잘 되지 않습니다. 소통이 안 되니까 공감도 안 되는 것입니다. 자라나는 자녀들의 돌발행동 예방은 부모가 대화하는 중에 얼마나 자녀의 말을 잘 듣고 있느냐에 달려 있습니다(시 34:11; 엡 6:4). 그런데 잘 듣지 않습니다. 우리는 그냥 들어주는 것이 아니라 공감해 주면서 이해해 주어야 합니다.

특별히 성도들은 사회적 약자와 소외된 자들에게도 경청해야 합니다.

시편 68편 5절에 "그의 거룩한 처소에 계신 하나님은 고아의 아버지시며 과부의 재판장이시라"고 했습니다. 우리 주변에는 언제나 사회적 약자가 있습니다. 그들은 시대와 역사 속에서도 늘 존재해 왔으며 항상 어려움을 겪는 경우가 많습니다. 코로나로 어려웠다고 하지만 코로나 이전에도 어려웠습니다. IMF 외환위기 때 어려웠다고 하지만 그 이전에도 어려웠습니다. 보릿고개가 어려웠다고 하지만 보릿고개 이전에도 어려웠고, 보릿고개 이후에도 어려웠습니다. 어려움은 항상 있습니다.

그런데 사람들은 그 어려운 분들의 하소연을 제대로 귀 기울여 듣지 않고 그들의 빈궁함을 살피지 못합니다. 그래서 사회적으로 격차가 너무나 커졌습니다. 지금 이 시대에 교회는 그 일을 해야 합니다. 경청은 꼭 말이 아니라 할지라도 그들의 행동이나 삶을 유심히 살펴보는 것으로도 가능하며 얼마든지 상대방을 이해해줄 수 있습니다. 이웃의 어려움을 살피고 돕는 것이 교회의 역할 중 하나입니다(롬 12:15).

며칠 전에 우리 교회 사회복지위원장 장로님을 만났습니다. 주변에 굉장히 어려운 교회와 목사님들이 계시고 어려운 성도들도 많습니다. 그래서 "추수감사주일 때 정성껏 헌금해서 추수감사 헌금의 일부를 그 어려운 분들에게 나누어 드리면 어떻겠습니까?"라고 말씀을 드렸더니 장로님께서 흔쾌히 동의해 주셨습니다. 교회가 해야 합니다. 힘들고 어려운 일을 성도들이 해야 하고 또 교회가 해야 합니다.

상대방의 말을 경청해야 내 말도 경청받을 수 있습니다. 내가 상대방의 말을 듣지 않으면, 그분도 내 말을 듣지 않는 것은 너무나 당연한 일입니다. 상대방이 먼저 내 말을 들어주기를 원하기보다도 내가 먼저 존중하면서 경청하는 자세가 필요합니다(약 1:19). 그렇다면 그분은 내가 어떤 말을 해도 경청하게 될 것입니다. 어떻게 경청해야 할까요? 음성을 듣기도 하지만 상대방의 마음에서 우러나오는 마음의 소리를 들을 수 있어야 합니다. 그러므로 경청은 상대를 존중하고 사랑할 때 가능합니다. 내가 존중하고 사랑하면 그 마음을 알게 되고 마음속의 소리가 들립니다(롬 12:10).

참 신기하고 놀라운 분들은 엄마들입니다. 엄마들은 갓난아이들의 울음소리만으로도 무엇을 해야 할지 무엇이 필요한지 금방 알아챕니다. 그런데 똑같이 아이의 울음소리를 듣는데 아빠는 잘 모릅니다. 또 다른 사람도 못 알아듣습니다. 그런데 엄마들은 어떻게 아이들의 울음소리만 듣고도 금방 아는지 신기하고 놀라운 일입니다. 그래서 젖을 먹이든지, 기저귀를 갈아주든지, 아니면 병원에 데리고 가든지 합니다. 그러니 자녀들이 성장해서 돈을 벌면 아빠보다는 어머니에게 가져다주는 경우가 많은 것 같습니다.

누군가를 떠올려 봅시다. 내가 그 사람과 대화를 할 때 잘 듣고 있는지를 말입니다. 대체적으로 그분은 내가 존경하고 존중하고 사랑하는 분들입니다. 그런데 아무리 오랜 시간을 같이 있어도 대화가 전혀 연결이 안 되고 무슨 말을 했는지 기억조차 나지 않는다면 그것은 내 마음속에서 그 사람을 귀하게 여기지 않기 때문입니다. 사람을 대할 때 소리에도 집중해야 하지만 무엇보다 마음에 귀를 기울여야 합니다. 그래서 상담의 기본을 잘 듣는 것이라고 합니다. 듣기만 해도 치유가 된다고 합니다.

목사인 저도 뭔가 이렇게 터놓고 싶고 대화하고 싶고 그런 마음이 있어서 언젠가 누군가를 찾아갔는데 제가 한마디를 하면 그분은 열 마디를 합니다. 또 한 마디를 하면 스무 마디를 합니다. 제 말도 좀 들었으면 좋겠는데 안 듣고 계속 자기 말만 하니까 왜 그분을 찾아갔는지 후회가 들었습니다.

그런데 간혹 그런 분들이 있습니다. "내가 목사님한테 말하고 나니 속이 다 시원합니다." 들어주니까 그렇습니다. 말을 한다는 게 그렇게 중요하고 듣는다는 게 그렇게 중요합니다.

지금 이 시대는 듣지도 않고 행하지도 않는 불통의 시대입니다(삿 21:25). 그런데 참 이상한 것은 들어야 할 말은 잘 안 들으면서 또 듣지 말아야 할 말은 너무 잘 듣습니다. 잠언 10장 11절에 "의인의 입은 생명의 샘이라도 악인의 입은 독을 머금었느니라"고 교훈했습니다. 또한 잠언 10장 31절에서도 "의인의 입은 지혜를 내어도 패역한 혀는 베임을 당할 것이니라"고 했습니다.

 성도는 하나님의 말씀을 경청하고 사람의 말을 지혜롭게 경청해야 합니다(신 28:1; 렘 26:13). 하나님의 말씀을 경청하면 위로부터 내려오는 복을 누리게 됩니다. 사람의 말을 지혜롭게 경청하면 사람들 중에서 평안을 누리게 됩니다. 우리 모두 하나님의 말씀을 경청하고 사람의 말을 지혜롭게 경청해서 위로부터 내려오는 복을 누리고 사람들 중에 평안하기를 주님의 이름으로 축원합니다.

현시대를 관통하는 믿음의 키워드 10

1판 1쇄 인쇄 _ 2025년 11월 15일
1판 1쇄 발행 _ 2025년 11월 25일

지은이 _ 김용대
펴낸이 _ 이형규
펴낸곳 _ 쿰란출판사

주소 _ 서울특별시 종로구 이화장길 6
편집부 _ 745-1007, 745-1301~2, 743-1300
영업부 _ 747-1004, FAX 745-8490
본사평생전화번호 _ 0502-756-1004
홈페이지 _ http://www.qumran.co.kr
E-mail _ qrbooks@daum.net / qrbooks@gmail.com
한글인터넷주소 _ 쿰란, 쿰란출판사
페이스북 _ www.facebook.com/qumranpeople
인스타그램 _ www.instagram.com/qrbooks
등록 _ 제1-670호(1988.2.27)
책임교열 _ 김유미 · 김준표

ⓒ 김용대 2025 ISBN 979-11-24013-36-6 93230
책값은 뒤표지에 있습니다.
이 출판물은 저작권법에 의해 보호를 받는 저작물이므로 무단 복제할 수 없습니다.
파본(破本)은 구입처에서 교환해 드립니다.